「ぼけちゃったら、なにもわからなくなって、もうおしまい」

そんなふうに思っていませんか？

「そうじゃないよ。できることは、まだまだたくさんあるんだよ」

え？　どんなことかって？

それは、この本のなかに書いてあります。

「ぼけちゃっても、できることはたくさんあるんだね。なかなか楽しそう！」

そう思って読み終えてくれたら、うれしいです。

あなたが、目の前の大切な人をあきらめてしまうことがないように。

この本がそのために役立ってくれることを、心から願っています。

装幀　原田　恵都子 (Harada+Harada)
イラスト　こうのみほこ

# 認知症の介護のために
# 知っておきたい大切なこと
● パーソンセンタードケア入門

トム・キットウッド & キャスリーン・ブレディン 著
高橋 誠一 監訳　寺田 真理子 訳

PERSON to PERSON
A Guide to the Care of Those with Failing Mental Powers
Tom Kitwood & Kathleen Bredin

PERSON TO PERSON by Tom Kitwood and Kathleen Bredin
©Copyright : Tom Kitwood and Kathleen Bredin 1992

Japanese translation rights arranged
with Gale Centre Publications, Essex, UK
through Tuttle-Mori Agency, Inc., Tokyo

## 本書を読むにあたって

　認知症ケアの歴史にはいくつかの段階があります。最初は、認知症が病気として認められ、より正確な診断が求められる段階です。この段階では、医療が認知症ケアの指針となりました。しかし、治らない病気であることや徘徊や妄想などの説明が中心で、本人の立場からケアを考えることはあまりありませんでした。第二段階は、認知症を抱える人を介護している人たちから始まりました。その人たちは、認知症を抱える人への関わり方次第で、その様子や状態が違うことに気づいたのです。そして、本人が何に苦しんでいるのか、どんな不安を抱えているのか、介護者やまわりの人びとに何を求めているのかを考え、それに応えていくことの大切さを知ったのです。

　最初の段階では、ケアに積極的な意味を見出せなかったので、本人だけでなく介護者も絶望感から抜け出すことはなかなかできませんでした。しかし、第二段階では、ケアの大切さと介護者の役割が明らかになりました。お互いに同じ人として認め、その人に前向きに関わっていくことで、認知症を抱えていても普通の暮らしを送る援助ができるのです。

　著者の一人であるトム・キットウッドは、この第二段階から始まるケアをパーソンセンタードケアと名づけ、認知症ケアを理論的に体系化しました。本書は、そのパーソンセンタードケアの考え方とケアの方法をわかりやすく示したケアガイドです。日本でもパーソンセンタードケアと同じ

考えで書かれた本はありますが、本書のように介護専門職だけでなく、ボランティアや家族介護者など、認知症介護に関わるすべての人びとに向けて書かれた本はまだまだ少ないと思います。

　新しい考えが望ましいと思っていても、まだまだ古い考えから抜け出せない人も多いのではないでしょうか。また、グループホーム、高齢者介護施設のユニットケア、認知症専用デイサービス、宅老所から始まった小規模多機能型居宅介護など、認知症を抱える人のためのケア環境は急速に変化してきましたが、ケアの水準には大きなばらつきがあります。さらに、新たに自宅で介護をする家族も増え、また認知症を抱えながら一人で暮らす人も増えています。

　しかし大きな変化は、認知症を抱えた当事者が自らの体験を語り、自分たち抜きで勝手に決めないでほしいという権利を主張するようになったことです。認知症だからといって皆が同じように見ないでほしいこと、早期診断が早期絶望にならないということを当事者自身が主張し始めたことです。これは認知症ケアが第三段階に入ったといえるのではないでしょうか。

　認知症を抱えた人と一緒にパーソンセンタードケアを行っていくパートナーシップの時代に入ったのです。パーソンセンタードケアが目指してきた時代に近づいてきたのです。だからこそ、基本に返ってパーソンセンタードケアを理解することが大切なのだと思います。

2018年2月　　高橋　誠一

# 目次

本書を読むにあたって 3

はじめに 7
第1章 「認知症」にとらわれずに「その人」を理解することから始めよう 10
第2章 ひとくくりにしないで！ 一人ひとりがかけがえのない存在です 18
第3章 認知症のあんなとき、こんなとき……介護者はどうすればいいの？ 28
第4章 大切なのは仲間がいてくれること、そしてふれあいがあること 38
第5章 人生にもっとスパイスを！ 48
第6章 居心地のいい場所をつくるためのヒント 62
第7章 「徘徊」や失禁、攻撃……認知症の「困った！」にどう対応すればいいの？ 69
第8章 薬とはどうつき合えばいいの？ 91
第9章 その人に合ったケアを計画しよう！ 95
第10章 施設に入るときに気をつけてほしいこと 104
第11章 わたしたちが望める最善のこと〜「12の希望のしるし」〜 116

第 12 章　権利についてもっと知ろう　**126**

第 13 章　よいケアをしていくために、介護者は自分のことにも目を向けよう　**133**

第 14 章　さいごのお別れをしたあとは……　**147**

第 15 章　これからの介護者のために……よいケアって何だろう？　**154**


資料　認知症をもっと深く理解するための参考書籍　**157**
　　　　パーソンセンタードケアの関連書籍
　　　　認知症の介護についての情報を得られるサイト


訳者あとがき　**160**


> 　日本語版作成のための改編にあたり、イギリス特有の制度や事柄を、日本の読者が理解しやすいように同様の制度や事柄に一部置き換えています。こうすることで、原作者のトム・キットウッドならびにキャスリーン・ブレディンが本書に託した思いが、日本の読者の皆様にわかりやすく伝わることを願っております。

## はじめに

　知力の衰えが生じる原因はきちんと解明されていませんが、65歳以上の7人に1人*、そしてかなり若い年代でもこの現象が見られることから、たいへんな問題だということはわかっています。知力が衰える当人も親しい人たちも多くの苦しみを味わいますが、この苦しみは単に脳損傷とその影響によるものではありません。どうすればよいケアを提供できるのかまだはっきりとわからないことにも、苦しみの原因があるのです。医学は治療法や予防策を授けてくれるにはほど遠いですし、衰えをくいとめる方法もまだ見つかっていません。わたしたちに与えられている唯一の解決策は、とても単純で、正直で、人間的なものです。つまり、やさしさと理解、そしてできれば愛をもって接することです。

　本書は、主に2つのグループの方々のために書かれたものです。最初のグループは、自宅で介護をしている配偶者の方、お子さん、ごきょうだい、ご親戚など、すべてのご家族です。2番目のグループは、介護職についている方、またはボランティアの方です。あなたがどちらのグループに属するかによって目的も必要なものも異なるでしょうが、お互いを理解する必要がありますし、今はそうと感じていなくても、今後必要になってくるかもしれません。よいケアについての基本的な指針のなかには、どちらのグループにも共通するものがあります。

* この数字は2012年の日本のものです（内閣府「日本における認知症の高齢者人口の将来推計に関する研究」より）。

もしあなたが家族介護者なら、これまでの人生のなかで今がいちばん困難で動揺し、消耗する時期かもしれません。現実的な仕事、それも大いに忍耐と技を必要とする仕事を抱えているのですから。日々の日課をこなしながらも変化していくことに対応し続けなければいけないのですから、今以上の支援を必要とする気持ちもわかりますし、おそらく自分が直面していることを理解してくれる人がいないと感じていることでしょう。あなたと、あなたが介護する人との関係は、今では以前とは違うものになりましたし、これからもまた変わっていくでしょう。もしかしたら、あなたは昔を振り返ってすべてが穏やかだった日々を懐しみ、それでいてそんな日々はもう戻らないと気づいているかもしれません。こんなにも多くを与えているのに、あまりにも見返りが少ないと感じる日々もあるでしょう。大事な意思決定をしなければいけないのに、ときには何が正しいのかわからないこともあるでしょう。これらのすべてに直面しながら、それでもあなたは最善をつくそうとしているのです。

　もしあなたが２番目のグループに属するなら、ケアワーカーとしてのあなたの立場はまた異なります。お給料をもらうのであれボランティアであれ、あなたはケアを仕事としてやっているのであって、家族ほどに親しくも、痛みを抱えているわけでもありません。ケアのプロとしてキャリアを築いていく方もいるでしょうし、短期間この仕事についただけの方もいるでしょう。ほかに仕事が見つからなかったからという方だっているでしょう。どんな理由でケアの仕事についたのであれ、この仕事はうまくやれば今よりもずっと満足感を得られるものなのです。

認知症を抱える方々と多くの時間を過ごしたことで、本書が生まれました。また、ご家族や専門家とも多くの話をし、うまくいったことやいかなかったこと、必要なものや問題点を理解しようと努めました。仕事の一環として、老人ホームやデイサービスが質の高いケアを提供しているのかどうかを試す方法＊を開発してきました。おかげで、何がうまくいって、何がうまくいかないのかがはっきりとわかるようになりました。本書に登場する話は、すべてわたしたちの経験に基づくものです。

　本書の第1稿には、ご家族や専門家の方からたくさんの貴重なご意見をいただきました。おかげでよりよい本にすることができたと、ご協力いただけたことにとても感謝しております。これまでの知識に基づいて確信したことですが、どうして知力が衰えるのか、そしてどうすれば最も効果的なケアができるかの全体像はまだ解明されていません。この正体のつかめない葛藤のなかには、通常考えられているよりもずっと大きな喜びと満足があるのです。

　本書の基本的なメッセージは、とても単純なものです。**認知症を抱える方々は、わたしたちが望むのとまったく同じように、あらゆる面で「人として」扱われることを必要としています**。わたしたちの態度や対応の仕方、ケアの仕事での多くの現実的な細かなことにあてはめて、このメッセージをこれから詳しく説明していきましょう。おわかりいただけるように、完璧な答えやすべての問題への処方箋は存在しませんが、**介護者の仕事は大いに意味があるものにできますし、希望がもてるだけの理由があるのです**。

＊ この方法は DCM（Dementia Care Mapping：認知症ケアマッピング）と呼ばれ、ケアの質の客観的な評価とその向上を目的に日本でも導入が進められています。

# 第1章
# 「認知症」にとらわれずに「その人」を理解することから始めよう

　相手の立場になって考えてみると理解が深まることはよくあります。ですから、静かに座って、日々の心配事を忘れてみてください。「自分が知力の衰えている人だったら」と想像してみてください。
　どんな感じでしょうか？　近くに人が大勢いても寂しく感じるかもしれません。不安で、力なく、とても怖く感じるかもしれません。
　フラストレーションや怒りを感じることがあるかもしれません。人々があなたをこれまでと違うやり方で扱うからです。ときには愚かな人のように、ときには子どものように、そしてときにはまるで物のように。「自分はまだ人といえるのかしら？」とすら思うかもしれません。あなたは、まわりにどのように扱ってほしいですか？
　あなたは、以前と変わらぬ願いをもっていることでしょう。これまでと同じように仲間を必要としているでしょうが、障害のせいでひとりぼっちを強く感じているために、もっと切迫感があるかもしれません。判断したり批判したりしないで、やさしく、寛大に接してほしいと思うでしょう。

あなたに合わせてゆっくりしたペースにしてほしいと思うでしょう。相手の言葉を理解するのがとても大変なので、相手にあなたの言葉を理解するように努力してほしいと思うでしょう。自分はまだ大切な存在で、これからも愛のこもったケアをしてもらえると知る必要があるでしょうし、あらゆる意味で、人間社会の一員でいたいと思うでしょう。

**想像してみてください……**

　　あなたは記憶を失いつつあります。知っているはずの、愛している人なのに誰だかわからないときもあります。思考は遅く、まわりに言われたことがわからないこともよくあります。動きはぎこちなく、スプーンを口に運ぶのすら大仕事です。幸せもつらさも、深く感じとることができますが、何かがおかしいと感じながらも、その原因がわかりません。以前の自分とは変わってしまったとわかっていますが、どうしてなのかはわかりません。そのことについて話そうとしてみるのですが、すると自分の言葉がまわりの人には通じないのです。

　このように想像してみることで、知力が衰えていくのはどのような感じか、少しつかめます。**わたしたちがよいケアを提供できるのは、各個人が人であり、自己を十全に発揮するには「人として」扱われる必要があると心に留めているときです。**あなた自身も、単に義務感の強い家族の一員や社員、ボランティアではなく、ひとりの人なのです。そしてあなたが介護する人もまた、単に患者や障害のある生き物ではなく、同じように人なの

です。自分のことを肯定的に受け止めるためには、まわりに人として扱ってもらう必要があります。知力が衰えている人だってそうなのです。耳を傾け、理解してもらう必要があります。まわりの人が心からあなたのことを気にかけていると知る必要があります。知力が衰えている人だってそうなのです！　わたしたちは一人ひとりがかけがえのない特別な存在で、独自の自分史、家族、友だち、強みや弱さ、悩みや痛みがあります。わたしたちは能力や障害の程度にかかわらず、これらをすべて共通にもっているのです。これらが人間を「人」たらしめているのです。

　人としてうまくやっていけるかどうかは、わたしたち自身、そしてまわりに、わたしたちの必要なものと能力をどれだけわかってもらえるかにかかっています。また、まわりがどれだけ進んでわたしたちを支え、励ましてくれるかにもかかっています。知力が衰えている人についても同じことがあてはまります。

## 医学が教えてくれること

　数年前は、ひどく混乱してよくなることのないお年寄りは「呆けてしまった」と言われていました。今でもこういうことを耳にしますが、これでは混乱した人たちを遠ざけるだけで、事態はよくなりません。このような態度は彼らがもはや完全な人間ではなく、「人として」してあげられることはほとんどないと言っているようなものです。これは真実からはとてもかけ離れたことです。

医学的研究によって、さまざまな原因が混乱を引き起こしていることがわかりました。なかには以下のように治療できるものも、完全に治せるものもあります。

- ●肺炎などの感染症
- ●生体化学反応のバランスの欠如
- ●うつ病
- ●食事の重要な栄養素の欠如
- ●薬の体内蓄積または副作用

ほかにも、医師が対応できる原因があります。誰かに混乱の兆候が見られたら、このような原因の可能性を調べることが重要です。大切なことは、すべての適切な検査を実施しながらも、的外れでがっかりさせるような「評価」からその人を守ることです。

　フローレンスがはじめて医師の診察を受けたとき、彼女はとても混乱しているようでした。そこで専門医に診てもらうようになったところ、彼女がひどいうつ状態にあったこと、しばらくきちんとした食事をとっていなかったことがわかりました。食事を改善し、うつ病を医学的に治療し、ボランティアが定期的に彼女の自宅を訪問するようにしたところ、混乱は消えました。

しかし、なかにはずっと続く混乱があり、時間がたつにつれて深刻になっていきます。このような症状は年齢を問わず起こりえますが、70代、80代の人に特に顕著です。その人たちにはよく「痴呆」というレッテルが貼られましたが、この言葉は頭のおかしい、または気の狂った人を思い起こさせるので実際には有効ではありません。「呆ける」という言葉と同様に、「痴呆」も「私たち」と「あの人たち」という隔たりを生み出してしまうのです。そうではなく、苦しんでいる人たちを知力の衰えつつある人として考えてみてください。この障害は、脳の機能障害や永久的な損傷に関連があります。

医学では、脳損傷は主に2種類に分けられます。より一般的なものは脳細胞の破壊を伴いますが、その原因はよくわかっていません。この一般的な障害には数種類ありますが、現在では通常、アルツハイマー病として知られています。原因究明のために多くの研究がなされていますが、可能性があるのは、特定の脳化学物質（神経伝達物質）のレベルが低いこと、アルミニウムその他の金属汚染、遅効性ウイルス、頭部損傷の後遺症などです。しかし、原因や治療法についてはっきりとした証拠となるものはまだ見つかっていません。

もう1種類の脳損傷は、むしろめずらしいものですが、脳細胞への血量低下によって起こります。場合によっては、まるで一連の小さな卒中を起こしたかのようになります。混乱がひどい人たちの脳は、おそらく両方の種類の損傷を受けているのでしょう。

認知症を発症すると、衰えていく運命で、おそらく人としての力をすっ

かり失ってしまうと広く信じられています。現在ではよいケアについてもっとわかってきたので、この考えは疑問視されるようになってきました。元に戻れない部分もありますが、その人に本当に適したケアをすれば衰えに歯止めがかかり、何らかの形でよくなることもあると知られています。
**大切なことは、どれだけ脳損傷が進んでも、どんな理由があろうとその人はまだ「人」であり、「人として」扱われなければいけないということです。**

────────────────────────────

　ジャクソンさんは未亡人だったので、物忘れが始まってからも、しばらくひとりでなんとかしていました。息子の誘いで彼の家族と暮らすことになり、1年ほど過ごしましたが、家族への負担があまりに大きかったので、息子は母親を近くの老人ホームに入れることにしました。そこでは、認知症がある入居者は彼女だけで、すぐに状態が悪くなってしまい、失禁もするようになってしまいました。息子は、認知症ケアを専門にしたホームを見つけ、母親をそこに入れることにしました。6か月間、彼女の状態は着実に改善され、失禁もしなくなりました。彼女は、昔のように家族が懐かしく思い出す「おばあちゃん」ではなくなりましたが、幸せと安らぎを見つけたのです。

────────────────────────────

## 何ができるでしょうか？

　おかしくなってしまったことや失ってしまった能力という観点から「認知症」を抱えた人たちを見ると、前向きに役立つためにできることは何もないと感じるかもしれません。主として、致命的な病気を抱えた患者として見てしまうようになるかもしれません。このような態度のケアワーカーは、その最高の目標を、混乱した人の基本的なニーズを満たすことに設定しがちです。つまり、飲食、清潔さ、排泄、暖かさ、くつろぎと休息——それだけです。「認知症」という考えと脳損傷という事実にしがみついて、これ以上できることはないと言ってしまうのはたやすいことです。実際、これは一種の絶望で、いまだによく見られることですが、だからといって正当化されるものではありません。

　これまで知られている限りでは、脳細胞の破壊を遅らせたりくいとめたりするために医学的な手段ができることはほとんどありませんし、死んでしまった脳細胞を生き返らせる方法ももちろんありません。**介護者として、できないことがたくさんあるということを受け入れなければいけませんが、人として、人と人とのつながりを保つことができれば、できることはたくさんあるのです。**

通常、知力の衰えは思考や記憶に影響を及ぼしますが、感情や社会性は深刻な影響を免れます。適切な手助けと支えがあれば、混乱した人は多くの人が思うよりもずっとよい状態を保つことができるのです。もちろん、ときには悩むこともあるでしょうが、それはわたしたちの誰しも同じではないでしょうか？

　介護者のあなたは多くのものを必要とするでしょうから、このことについては第13章で見ていきましょう。もしあなたが家族の一員なら、悲しみを経験することになるでしょうから、これについては第14章で見ていきましょう。ですが、その話に入る前に、知力が衰える人の気持ちをもっと深く理解してみましょう。そして、その人を中心としたケア（パーソンセンタードケア）とはどんなものかを見ていきましょう。

# 第2章
# ひとくくりにしないで！
# 一人ひとりがかけがえのない存在です

　たとえ一卵性双生児であっても、ひとりとして自分とまったく同じ人間はいません。わたしたち一人ひとりに性格、自分史、自分の居場所があるのです。わたしたちは、自分は人とは違うと思いたい一方で、まわりの人とのつながりも感じていたいのです。たとえ病気や障害があっても、わたしたちの独自性は奪われることはありません。**誰しも一般的なレッテルでひとくくりにされてはならないのです。**どんなに**障害や不自由**があっても、**一人ひとりは個人として尊重される**ものなのです。知力が衰えている人がその人らしくいられるために手助けする場合、この認識の重要性は倍増します。思いやりのある家族介護者は、この重要性をわかっています。また、よいケアでは、一人ひとりの望みを考慮して何をするかを計画します。

### 現在のなかの過去

　生きていくなかで、楽しさと喜び、悲しみと痛みが独自に織り交ぜられ、

自分史が築かれていきます。自分が何者なのかという感覚はこの自分史に結びついているので、もしこれをなくしてしまうと、自分の一部をもなくしてしまうことになります。自分史は年齢を問わず、すべての人にとって大切なものです。知力が衰え始めると、以前にはできていたことができなくなります。仕事をしたり、広い交友関係をもったり、旅をしてまわったりといった人生の一部が終わってしまったであろう今、それだけに自分史がいっそう大切になります。現在のことについては混乱している人が、ずっと昔のことをはっきり覚えているということがよくありますが、もしまわりがこれを活かす手助けをしてくれれば、すばらしい資産のひとつとなるのです。写真や洋服、大事にしていた持ち物はすべて、ここでは価値あるものになります。

　ひとつ注意してもらいたいのは、痛みを伴う思い出ばかりなので、過去を思い出したくない人もいるということです。過去にさかのぼることが役に立つのかどうか、あなたの介護する人があなたを「追憶の旅」への道連れとして受け入れてくれるのかどうかを探ってみてください。

### ケアワーカーの方へ

　　あなたが介護している一人ひとりについて、その自分史をできるだけ知るのはいい考えです。ちょっと考えてみてください。一人ひとりについて本当に何を知っていますか？　以下の質問にいくつ答えられますか？

● どんな家庭環境ですか？
● ご主人や奥さん、ごきょうだいやお孫さん、曾孫さんについても、どんなことを知っていますか？
● 引退する前はどんな仕事をしていましたか？
● これまでの人生において大切な人は誰ですか？
● 今の生活で大切な人は誰ですか？
● 好きなこと、嫌いなことはなんですか？
● 自慢にしていることはなんですか？
● 大切にしているものはなんですか？

　ハロルドは釣りの名人で、多くの大会で優勝しました。自宅では優勝トロフィーはいつも戸棚に飾られていました。彼は巨大なカワカマスを釣ったことがあり、ガラスケースに入れて保存していました。娘の家で介護をされることになったとき、彼女はこれらの彼にとって特別な品々を忘れずに持ってきました。大切な品々は自宅の居間で飾られていたのとまったく同じように、ハロルドの新しい部屋に飾られました。

　ケアワーカーは、ヒンチクリフさんのベッドを整えながら、彼女のそばにある写真を指差して話しかけました。「これは結婚式の日のあなたですか？　お嬢さんのお話では、ご自分の花嫁衣裳を作ったそうですね。とっても裁縫がお上手だったんですね！」

- 暇なときはどのようにして過ごしますか？
- 信仰をもっていますか？
- 昔興味のあったこと、今興味のあることはなんですか？
- 政治に関わったことはありますか？
- どんな大病をしましたか？　入院したことがありますか？
- 最近の健康状態はどうですか？
- 知り合う前の数か月間の家庭の状況はどうでしたか？
- 以前はどのようにして困難に対処していましたか？
- 現在起きていることにご家族はどう対応していますか？

　もし知らないのならば、少なくともいくつかの質問に答えられるように努力してみてください。時間をかければ、あなたの介護する人が自ら教えてくれることがたくさんあるでしょう。なかには、本当に注目して興味をもって聞いてくれる人に、喜んで自分の話をする人もいます。もしかしたら、記録があるかもしれません。自分が発見したことをその記録に加えていってもいいでしょう。自分自身で記録をとることを考えたことがありますか？　家族が訪問したときに話をしたり、別の日に連絡をとったりもできるでしょう（これは上司の許可を得てやる必要があるでしょう）。一般に、家族は情報を提供することがもっとその人に合ったケアにつながると知っているので、意欲的に提供してくれます。

**家族介護者の方へ**

あなたの家族がデイサービスに通っているか、ときどきショートステイに通っているか、または現在施設で介護をされているなら、もっとその人に合ったケアができるように手助けしてください。できるだけ情報を提供するようにしていますか？　本当に痛みを伴うような過去があり、ケアスタッフが無神経にふれてしまうことがないように知っておくべきものはありませんか？　ケアスタッフと会ってもっと話をすることはできますか？

## 名前について

　自分が何者かという感覚は、自分の名前と切っても切れない関係にあります。間違った名前で呼ばれてひどく腹を立てた経験はありませんか？　自分の何かを否定されたような、無視されたような、奪われたような感じがするものです。ですから、本当にその人に合ったケアをするのであれば、それぞれがどう呼んでもらいたいのかを尊重する必要があります。別人だとほのめかしてさらに混乱させてしまうことは避けたいものです。もし家族が施設に入っていたり在宅ケアを受けているなら、ちゃんと呼んでほしい名前で呼ばれているか確認してください。親しい家族以外には名字で「〇〇さん」と呼んでもらいたい人がいるなら、それは尊重されるべきです。

名前をめぐっては、深刻な誤解が生じることもあります。

　ハワードさんが老人ホームに入ってしばらくたった頃、娘のシーラにホームの施設長が言いました。「アンがわたしたちに反応してくれないんです。彼女のニーズに対応して、はっきり名前で呼ぶように一生懸命やっているのに、わたしたちのことを無視しているみたいなんです」。シーラが「母はアンと呼ばれたことはありません」と答えると、施設長は言いました。「でも確かに、アンというのが彼女の名前ですよ。記録に載っています」。シーラはそこで事態を把握し、こう整理しました。「たしかにアンというのは母の名前ですが、母が若い頃、家族はみんなヘティーと呼んでいましたし、彼女の姉妹はずっとその名前で呼んでいました。父は『いとしい人』と呼んでいました。母が誰かにアンと呼ばれているのを見たことはありません」

## 誰の現実？

　一人ひとりが、自分独自の方法でまわりの世界を見て、聞いて、感じて、理解しています。一人ひとりが独自のやり方で反応しているのです。

　3人が同じバスに乗っていると想像してみてください。最初の人は車を見ていて、これまでに見たことのない新しいモデルに熱心に注意を向けています。ほかのことにはほとんど気がつきません。2人目は庭の観賞に忙

しく、自分の庭をどうやってきれいにしようかと考えています。3人目はこのバスに乗ったことがなく、心配そうに「クレーブン・ヘファー」というお店を探しています。それを目印に、その次の駅で降りないといけないからです。

　この3人はそれぞれが独自の個人的な「現実」を生きています。ある人にとっては大切なことが、ほかの人にとっても大切というわけではないのです。これはバス乗車などの些細な事柄だけではなく、宗教や結婚、子どもをもつことや年をとること、死別などの大きな事柄にもあてはまります。

　この単純なことを忘れてしまうために、多くの誤解や対立が生じます。人はえてして他人が自分の「現実」を共有してくれると思いがちです。そしてもしそうでないなら、そうするべきだと考えてしまうのです！

　もしふたりの人が違う「現実」を生きていたら、どのようにして合意を見出せるでしょうか？　双方がお互いの世界観を無理に変えようとしていたのでは無理ですが、お互いの「現実」を理解しようとし、それを受け入れるならば可能です。

　これらはすべて、知力が衰えている人のケアにもあてはまります。その人にもまた独自の「現実」があり、わたしたちの現実とはかなり違うかもしれません。「その人の現実のなかに入っていこう」として、その人の立場だとどんな感じなのかをつかもうとするに越したことはありません。わたしたちが「事実」と考えるものについて論争するのは無意味です。

　（わたしたちが自分の「現実」に基づいて判断する）混乱した人は、まわりの人が誰なのかを間違うかもしれません。ときにはそれを訂正するこ

とも必要ですが、いつもそうすることが正しいとは限りません。その「間違い」のなかには、大切な意味がこめられているかもしれないのです。

　老人保健施設に入ってすぐ、ロンは施設長のサラを家族と思い込んだようでした。ある日は娘、ある日は姉、ある日は母親でした。サラはあえてそれを正そうとはしませんでした。むしろ、ロンが彼女を家族のように感じており、彼女に温かさとやさしさを求めているのだと受け止めました。彼女は彼の言葉にどこか詩的な真実を感じ取り、それをほめ言葉と受け取ったのです。

## 本当にその人に合ったケア

　一人ひとりがかけがえのない存在なのだと本当の意味で理解したとき、ケアの仕事に新しい世界への窓が開かれます。介護される人の独自の願いや好み、能力、困難、不安を考慮することがどれだけ大切かがわかります。そして心に留めておかなければいけないことは、これらのいずれか、またはすべてが時間と共に変わっていくということです。もちろん、その変化に対応するのは簡単なことではありませんから妥協も必要でしょう。日々をしのいでいくためにやらなければいけないことは多くあるのですから。

　家族介護者は相手をよく知っていると思うがあまりに、この点を誤りが

ちです。オープンな心を保つことが必要です。いつ新しい変化があるかわかりません。かつてそうだったからといって、将来もそれが同じとは限らないのです。

　プロの介護職でも、介護される人の個性を把握しきれないことがあります。スタッフの数が十分でない場合もありますし、やらなければいけない決まった日課があります。ですが、どれだけの人が関わるにしても、一人ひとりを個人として扱うことはもちろん可能ですし、よいケアはもちろんそうします。個人として扱うように努めないというのは、質の低いケアのしるしです。そこでは人々をひとくくりにして、集団として扱います。**本当のケアの仕事とは、個人を決まった日課に適応させることではなく、むしろ決まった日課を一人ひとりのニーズにできるだけ合わせようとすることです。**どのようにしてそれを可能にするかのアイデアについては、本書のなかで追ってみていきましょう。

　ここで理解しておきたい大切な考え方は、この世界の一人ひとりに自分にとっての「現実」があるのだということです。これは知力の衰えている人にもあてはまります。**よい効果を出せる介護者となるためには、介護される人の「現実」を受け入れ、尊重しなければいけません。わたしたちの既成のものの見方や判断基準ではなく、相手の現実に対応するとき、そこに新しい人生と希望が生まれるのです。**

ブライアンはデイサービスから帰ってくると、飛行機に乗ってきたと言います。おそらく、自分の体験したことを生きいきと詩的な方法で言っているのでしょう。福祉車両で連れて行かれて、何時間も狭いところにほかに15人も一緒に椅子に座っているところを想像してください。すべてがめまぐるしくてついていけず、ときどき親切な客室乗務員がお茶を持ってきてくれます。この状況は、認知症を抱えた人にとっては飛行機にものすごく似ているのかもしれません。

# 第3章
# 認知症のあんなとき、こんなとき……
# 介護者はどうすればいいの？

　よいケアとは、単に善意や一般にいうやさしさ、常識に基づくものではありません。これらは大切なものですが、十分なものではないのです。知力が衰えつつある人たちは、彼らの「現実」への理解に基づく「特別な感覚」をあなたのなかに育ててもらいたいのです。彼らの障害にとらわれることなく、その強みを見つけてほしいのです。「アルツハイマー病の犠牲者」としてではなく、完全な人間として扱ってほしいのです。あなたと、人と人との本当のふれあいをもちたいのです。ですから、わたしたちは自分が介護する人にどのように影響を与えているのか、また彼らが自分にどのように影響を与えているのかを理解しようと努めるべきです。

　脳細胞の損失は知力の低下を招くかもしれませんが、きちんと注意と敬意を払わないことによって人格の崩壊を招いてしまうことになれば、それはわたしたちの失敗です。これは、わたしたちが相手にどう接するか（または無視してしまうか）によって相手の障害を実際に悪化させていたり、認知症を悪化させてさえいるということを意味するのでしょうか？　答え

は「はい」です。自分の記憶が信頼できないと感じている人、またはなじみの作業がやりづらくなってきたと感じている人、よく知っているはずの場所で迷子になった人は誰でも、もろく、傷つきやすくなっていることでしょう。もはや何ひとつ、たしかなものはないと思えるでしょう。そんなときに無神経で思いやりのない扱いをされれば、不安な気持ちがいっそう強まってしまいます。わたしたちは、他人がちゃんと人間扱いしてくれないと幸せな気持ちが壊され、自分が何者なのか不安になってしまうとわかっています。知力が衰えつつある人は、支えや安心を必要としているまさにそのときに、たやすく傷つけられてしまうので、なおさらこのことがよくあてはまるのです。このことを認識するのは不安で気分を害することかもしれませんが、プラスの側面もあります。つまり、**わたしたちには、彼らに手を差し伸べ、励まし、支えることで、脳損傷の影響を和らげることができるのです。**

　質の低いケアは、介護者が故意に残酷なことをしたり冷たくしようとした場合はほとんどなく、荷が重すぎたり、単に疲れきったときにやってしまうものです。効率的な身体介護と厳密な日課が最も重要とされた古い看護のなごりかもしれません。そこでは、患者のその他の必要性—特にその感情—は重要とは見なされませんでした。ときには、混乱した人の行動や抱えている困難さも、わたしたちにとって厄介なものに感じられます。すると考えずに反応してしまい、本当に必要なものを失ってしまうことになります。**わたしたちは結局人間に過ぎませんし、学んでいく存在です。**そうありたいと願うほど思いやりをもてないときや、うまくできないときも

あるものです。自分の失敗を許し、自分が完璧ではないことを受け入れて、もっとよくできるように学ぶに越したことはありません。わたしたちがどのようにして、そしてなぜ、ときとして混乱した人から「大切なものを奪ってしまう」のかについて理解すればするほど、どうすればそれを「ふたたび与えることができる」かについてもまたわかるようになるでしょう。

ここでは、よくある状況とよいケアとよくないケアの10の実践例をあげておきます。「やっていいこといけないこと」を強調しようとして引用したのではありません。ただ、よくない実践によって、知力が衰えている人がどのように深く傷つき、弱められてしまうか、またはよい実践によってどのように彼らが価値を認められ回復するかを示そうとしたものです。

1. エルシーの夫は、老人ホームへの訪問後に自宅に帰ってしまいます。彼は帰り際に彼女を温かく抱きしめますが、彼女はその後で悲しくなってしまいます。

 **よくない実践**：彼女が悲しんでいるのに気がついて、ケアワーカーは陽気にこう言います。「ご主人はちょっと出かけただけよ、すぐ帰ってくるわ。さあ、エルシー、テーブルで一緒にお茶を飲みましょうよ」

 **よい実践**：ケアワーカーは愛情をこめて彼女にこう言います。「ご主人がいなくてさびしいのはわかるわ。でも、彼はまた火曜日に会いにきてくれるわよ。それまで毎日わたしが抱きしめてあげるからね。さあ、ベッド脇のカレンダーに火曜日にしるしをつけに行きましょう。そうすればいつ彼が戻ってくるかわかるでしょう？」

2. エヴァンスさんはデザートを食べようと奮闘しています。スプーンからしょっちゅうこぼしてしまうので、時間はかかりますが何とか食べています。彼はテーブルに残っている最後のひとりです。

**よくない実践**：ケアワーカーが我慢できなくなって彼からスプーンを取り上げ、残りのデザートを食べさせます。

**よい実践**：時間をかけてデザートを味わっていいのだと、ケアワーカーは彼を安心させます。次回、ケアワーカーはエヴァンスさんがゆっくり食べる人たちと一緒に座れるように座席を配置し、彼がプレッシャーを感じないですむようにします。

3. ドロシーは失禁をして服を汚してしまいました。間に合うようにトイレに連れて行ってくれる人がまわりにいなかったのです。

**よくない実践**：ケアワーカーはこう告げます。「まあ、ドロシー、なんてことをしたの。これじゃ、もうすぐおむつにしないといけなくなるわね」

**よい実践**：人目につかないようにそっと、ケアワーカーはドロシーをトイレに連れて行ってきれいにします。ケアワーカーは彼女に、ショックを受けてもいないし非難してもいないことを示します。ドロシーの気持ちが落ち着いてきてから、ほかの話題でおしゃべりをします。

4. マイケルはほかの人のお皿からしょっちゅう食べ物をとってしまうので問題になっています。

**よくない実践**：ケアワーカーは彼にこう言います。「マイケル、こんなことをしていると、ここからあなたを追い出さなきゃいけなくなるわ。そうしたらあなたは住むところがないのよ」

**よい実践**：マイケルは落ち着きがなく、たとえおなかがすいていても食事の間じっと座っていられないので、お皿に注意を向けさせようとしても無駄だとケアワーカーは気づきます。そこで、彼が歩き回りながら食べられるように、マイケルの食事をサンドイッチにします。

5. 訪問者とケアワーカーが、すぐ近くにいるリリーについて話しています。

**よくない実践**：ケアワーカーが訪問者に言います。「今はリリーにはほとんど手をかけていないんです。病気がひどく進んでしまって、落ち着いて何もできないんです」

**よい実践**：ケアワーカーは訪問者をリリーに紹介して、リリーを直接ほめます。「リリー、今日はとても明るくて活動的ね」。そこで訪問者も会話に加わります。

6. ヒルダが「おうちに帰りたい！ おうちに帰りたい！」と叫び続けています。

**よくない実践**：ケアワーカーは責めるように言います。「帰れないわよ、ヒルダ。あなたはおうちを燃やしちゃったんだから」

**よい実践**：ヒルダは途方にくれていて、まわりに溶け込めないと感じているのではないかとケアワーカーは気づきます。そこでヒルダを静かな椅子のある場所に招いて、ほかの入居者に思いやりをもって再度彼女を紹介します。お互いが知り合う手助けをするために、ケアワーカーはしばらくそこに残ります。

7. お茶の時間ですが、キャロラインはテレビを見ています。彼女が何をしたいのか、ケアワーカーは探ろうとしています。

**よくない実践**：ケアワーカーは部屋をすばやく横切りながら彼女に言います。「テレビを最後まで見る？ それともお茶にする？ あなたの好きなパイを作ったよ。今は温かくておいしいけど、急がないとさめちゃうよ。テレビはもうすぐ終わりだよ。さあ、どうしたい？」。ケアワーカーが待っていると、キャロラインは彼を見上げてまったく困りきった顔をしています。ケアワーカーは台所に行って悲しそうにつぶやきます。「これじゃ独り言を言ったほうがましだよ」。

**よい実践**：ケアワーカーはテレビを消してキャロラインの前にひざまずきます。「あなたの好きなパイを作ったよ」。彼女は笑顔で答えます。そこでケアワーカーが「今すぐ食べたい？」と聞くと、彼女はうなずいて台所についていきます。

## 8. エディーはケアワーカーの脚を引っ張ろうとしました。

**よくない実践**：ケアワーカーはうんざりしたように彼を見てこう言います。「なんてことするの？　今日はもうあなたには口をきかないわ！」。ケアワーカーは彼に背を向けて行ってしまいます。

**よい実践**：ケアワーカーは真剣に、けれども叱ることなく、彼にこう言います。「エディー、こういうことをされるのは好きじゃないわ。あなたのことは好きよ、エディー。だけど、こういうことはもうしないでちょうだい」

## 9. マクドナルドさんはとても怒っているようです。こぶしをテーブルに打ちつけているのに、誰も注意を向けません。すると彼は頭を抱え込んで、悲しそうに、困った様子をしています。

**よくない実践**：ケアワーカーは彼の近くにやってきて陽気に言います。「さあ、マッくん、今日はきっと素敵な日になるわよ。お茶を持ってきてあげたわ」

**よい実践**：ケアワーカーは彼の隣に腰を下ろします。「マクドナルドさん、困っているようですね。しばらく一緒にいましょうか」。ケアワーカーは彼と一緒に静かに待ちます。そしてその日を通して彼の気持ちに注意を払います。

10. エイダは椅子で眠っています。ケアワーカーは壁のコンセントにコードを差し込まないといけないのに、エイダの椅子が邪魔になっています。

**よくない実践**：ケアワーカーは何も言わずにエイダを乗せたまま、邪魔にならないように椅子をどかします。エイダは目を覚まして驚いた様子ですが、ケアワーカーはそのまま行ってしまいます。

**よい実践**：ケアワーカーはやさしくエイダを起こします。「起こしてごめんなさいね、エイダ。でも、あなたの椅子の後ろに用があるの。少し椅子を動かしてもいいかしら？」。エイダの準備ができたところで、介護者は彼女に話しかけながらやさしく椅子を横に動かします。

ここまでの例で、10の異なる状況を見てきました。よくない実践と、また代わりに何ができるかが描かれています。これらの例をもう一度見てみると、ひどく混乱してよくなることのない人の状態を悪化させてしまうような事柄のリストを作ることができるでしょう。

1. ごまかしたり、うそをついたりする。
2. その人が自分でできることを代わりにやってしまう。
3. ひどく幼い子ども程度の能力や経験しかないように扱う。
4. 権力や脅しで心配させたり、不安にさせたりする。
5. きちんとした人間ではないというレッテルを貼る。
6. 責めたり、何をやった、やらなかったという非難を浴びせる。
7. 本当に理解できるように、ゆっくり話したり単純な話し方をしない。
8. 何か認められないことをしたからという理由で、仲間はずれにしたり追いやったりする。
9. 気持ちを無視したり、真剣に受け止めない。
10. 生きた、感情のある人ではなく、物や動物のように扱う。

このようなことがあると、何か大切なものが「奪われて」しまいます。また、何時間も人との本当のふれあいなしに過ごさなければならないと、落ち込んだり絶望したりしてしまいます。ひとり暮らしの人にこういうことが起こりますが、質の低いケア環境にある人にもまた起こることです。**認知症が単に脳損傷の結果でないことはこれで明らかでしょう。人の思いやりのなさや無視が、混乱に拍車をかけるのです。逆に、その人に合ったケアや注意を向けることで、足りないものの多くを補うことができます。**

89歳のアルバートは最近、老人保健施設に入所しました。ここでは週2回の入浴が日課になっていましたが、スタッフが入浴させようとするとひどく暴れて、いくらなだめてもだめでした。看護師が彼の妻に電話をして尋ねたところ、彼はこれまでずっと日曜日にしかお風呂に入らなかったことがわかりました。看護師は今になって彼のパターンを変える必要はないと判断しました。次の日曜日、その日が本当に日曜日だということをスタッフがはっきりさせると、彼は喜んで入浴しました。

　ケアワーカーの支援団体のミーティングでのことです。介護されている人が攻撃的で扱いにくいという問題を数名のメンバーが話し合ったところ、自分たちが管理しすぎて、家族に何も決めさせていないという結論に共に到達しました。そこで、家族が安心して選択し、もっと自由を味わえるような方法を一緒に検討しました。

　クック氏はとても「きちんとした」人でした。彼は87歳になる母親の介護をしていましたが、彼女は以前のようにきちんとはできなくなってきていて、汚れた服を着ると言い張ることもありました。彼はよく母親のことを批判しましたが、すると彼女は傷つき、怒っているようでした。そこで彼は態度をあらためることにしました。母親がきちんとしているときにほめるようにし、少しずつ批判をやめていきました。そうすることで、彼女の格好やいでたちはほんの少しよくなったに過ぎませんが、彼らの関係はもっとやさしく、心を開いたものになりました。

# 第4章
# 大切なのは仲間がいてくれること、そしてふれあいがあること

　わたしたちはみな、社交的に生まれついています。人類が生活を始めたとき、集団で多くのことを共にし、大半の時間を親密に過ごしていました。現在では人の移動が増え、多くの人は家族や友だちから離れて暮らしていますが、わたしたちの基本的な性質は変わっていません。親しい、信頼できる人がいてくれると、自分自身についても、人生についても肯定的になれるのです。わたしたちは自分の感情や経験を分かち合い、自分がありのままに理解され、受け入れられていると感じたいのです。これはお年寄りにもそのままあてはまることです。多くのお年寄りは、もっと仲間と、そして人とのふれあいを求めているのです。

　**知力が衰えている人は、おそらくより仲間とふれあいを強く必要としているでしょう。ですから、その社会的な性質を認識し、うながし、ほかの人と分かち合う人生を形作り、それを保てるように、できることをすべてすることが大切なのです。**社会性は、たとえほかの能力が衰えつつあっても、引き続き開花できるものです。仲間といると恥ずかしがったり不安だ

ったりした人のなかには、記憶が衰えだしてからすごくオープンで親しみやすくなる人がいます。これはおそらく、以前ほど自分を抑える必要を感じないからでしょう。認知症があってもうまくやっていけているというはっきりしたしるしのひとつは、社会的に自信をもって安心していられることです。

　グラントさんは社交的な人ではありませんでした。まわりが彼女に働きかけることはあっても、逆は決してありませんでした。彼女と夫はほとんど外に関心がなく、子どもたちが成人してからはその生活は家を中心とした孤立したものになりました。夫の死後、子どもたちは彼女に趣味をみつけて新しい友だちを作るように励ましました。彼女は興味がないと言いましたが、実際には自信がなかったのです。記憶障害がひどくなってきたために、ほかの人と会うことがさらに不安になっていたのです。彼女の暮らしぶりは変わりませんでしたが、生涯連れ添ってきた夫が亡くなったのですから、その生活はまったく違ったものになってしまいました。

## 感情につきあう

　心は脳よりも強いものです。わたしたちの感情は、思考よりも深いのです。これまでわかった限りでは、感情をつかさどる脳の部分は、思考をつ

かさどる部分に比べてずっと損傷を受けにくいのです。ですから、**介護者は、介護される人の感情に特に敏感である必要があります。**

　感情は幅広いものです。喜びや幸福、希望につきあうのはおそらくたやすいことでしょう。けれども、**わたしたちは否定的と思われるものも含め、すべての感情につきあう必要があるのです。**元気のない人を元気づけようとするのは、たいていの場合、間違っています。わたしたちは、自分も元気がなくなるのを防ごうとしているだけかもしれません。怒りや憤り、ねたみ、フラストレーション、悲しみ、絶望といった感情はどんな人の人生にもつきものです。こういう感情をわたしたちが受け入れ、ほかの人にそれを表現することを許さなければ、その感情を真剣に受け止めていない、そんな感情は本物じゃないというメッセージを送っていることになってしまいます。それでは、相手のことを真剣に受け止めていないか、相手は実在の人間ではないと伝えているようなものです。

　多くのお年寄りは、たくさんのものをなくしてしまったということに思いを馳せてください。おそらく、友だちや愛する人を最近亡くしてしまっているでしょう。仕事や取引をなくしたこと、または親や主婦としての役割をなくしたことから立ち直れない人もいます。健康、精力、そして積極的な性生活の機会も失われてしまいました。たいていの場合、収入やそれが裏付ける安心も失われています。なかには、そのような喪失にもかかわらず、とてもうまく対処して満足して暮らしている人もいますが、喪失が互いに積み重なって不安とストレスが引き起こされる人もいるのです。知力が衰えている人は、また別の種類の喪失にも対応しなければいけません。

それは、自分が何者かという感覚を脅かすような喪失です。しばらくの間、彼らはその事実に目を瞑り、まわりにも隠そうとするかもしれません。**多くのお年寄りがこういう困難に直面しているのだと心に留めておけば、ふれあいもしやすくなるでしょう。喪失の感覚につきあうことができれば、その他の多くの感情にもつきあうことができるでしょう。**

　若くしてアルツハイマー病になる人は、お年寄りに比べて失ったものは少ないかもしれませんが、ずっと抱いていた希望や野望が打ち砕かれてしまったという現実に向き合わなければならないのです。お年寄りの場合と同様に、支えと愛情を今すぐ必要としているのです。

## 通訳になろう

　混乱している人が何を伝えようとしているのかを理解するためには、特別な技を身につける必要があるでしょう。相手について長年知っている場合であっても、このことはあてはまります。相手の言うことに対応する際、最善の方法は、どんなに支離滅裂で変わったことをやったり言ったりしているようでも、何かを伝えようとしているのだと捉えることです。実際、外国語の通訳のようになる必要があるわけですが、ここにはひとつの大きな違いがあります。それは、混乱した人の数だけ、違う言語があるということです。**大切なことは、言葉の字義通りの意味にとらわれないことです。その言葉の奥にあるメッセージや表現されている望みを探してみてください。言葉と一緒に伝わってくる感情を理解するようにしてください。**

相手が必要としているものがいつもはっきりわかるとは限りませんから、推測する必要があるかもしれません。
　相手が身体を使って何を伝えようとしているのかを理解するようにしましょう。

　顔の表情はどうですか？
　アイ・コンタクトをとっていますか？（しっかり目と目を合わせていますか？）
　多少とも緊張しているようですか？
　身体のどこかを動かしたがっているようですか？

　これらの質問に答えられるなら、たとえ相手が言葉にできなくても、何を感じているかはよくわかってあげられるでしょう。また、脳にひどく損傷を受けた人の多くは、言葉や文章をつむぎだす能力をすっかりなくしてしまうこともあります。もしそうであれば、彼らが言葉以外の方法で伝えようとしていることを理解するあなたの能力が、彼らがまわりの人たちと仲間でいられるためのまさに生命線となるのです。
　いわゆる「問題行動」は知力が衰えている人にしばしば見受けられますが（第7章を参照）、これはただふれあいをもとうとしたり、抗議しようとする「最後の」試みとして理解できることがあります。もしこれらの努力を無視してしまえば、何とかしてコミュニケーションをとろうとしている人は落ち込んでしまうかもしれません。さらに悪いことに、価値ある存在として認められることをついにあきらめて、自分の中に引きこもってし

まうかもしれません。もしかしたら、これが寝たきり状態になってしまった場合の実態なのかもしれません。その一方で、**コミュニケーションをとろうというこの努力**にもし応えるならば、その人を実在の人間の世界に引き止めておく手助けとなるのです。いつも相手のメッセージを正しく解釈できるとは限りませんが、それでもふれあいがもてれば、そこから**本当の理解**を育むことができます。

 ────────────────────────────

　ローズはベッドで夫と寝ていましたが、突然起き上がって「あなたは誰？」と聞きました。強盗がベッドにいると思っている場合のように怖がっている様子はありませんでした。おそらく安心したかったのでしょう。彼は、「僕だよ。君の夫のリチャードだよ」と言って愛情をこめて彼女の手をとりました。

　ジャックは老人ホームのまわりを「俺はどこにいるんだ？　俺はどこにいるんだ？」と叫びながら歩き回っていました。彼には何が必要なのでしょう？　おそらく彼は不安で、見捨てられたように感じているのでしょう。もし誰かが腕を組んでしばらく一緒に歩き回ってくれたら落ち着くでしょう。今リバーサイド老人ホームにいるという事実を教えるだけでは、彼にはおそらくまったく役に立たないでしょう。

 ────────────────────────────

## メッセージをみがこう

　コミュニケーションとは双方向のものです。混乱した人の言うことを理解するのがいつもたやすくはいかないのと同様に、混乱した人もあなたの言うことを理解するのが大変なのかもしれません。お年寄りの多くは少し耳が遠くなっているので、単に聴こえにくいという問題かもしれません。ですから、はっきり、ゆっくりと話すようにしましょう。もしあなたの声が高くてキーキー声だったら、低い声で話すようにしてみましょう。補聴器が必要な場合は、ちゃんと合ったものにしましょう。補聴器をつけていて、スイッチが入っていることを確認しましょう。一般的に、話すときには相手の前にいって、あなたの顔と唇の動きが見えるようにかなり近くで話すのがいいでしょう。そうすることで、もっと注意を引くことができます。介護者はあまりにも大きな声で話したり、ほとんど叫ぶように話しかけたりするという過ちをおかすことがあります。もちろん声を大きくしなければいけないのですが、やりすぎないようにしてください。

　たとえあなたの声が聞こえても、意味がわからないのかもしれませんから、単純な言葉を選んで、短い文章を使うようにしましょう。言いたいことをはっきり伝える方法を見つけましょう。相手がわからない場合は、言ったことをそのまま繰り返すようにしましょう（違う言葉を使うと、ますます混乱させてしまうかもしれません）。あなたよりも、ずっとゆっくり頭脳が回転していることを心に留めましょう。理解するのに時間がかかる

のです。あなたが誰かを手助けして指示を出す場合には単純な事柄に分けて、それぞれの指示の後に理解するための時間をとってください。

　ケアワーカーがジョーンズさんの着替えを手伝っています。「さあ、ジョーンズさん、靴下よ。こっちの足に履いてちょうだい……今度はこの靴下をこっちの足にね……足を靴に入れてくれる？……そう、それでいいのよ」という具合に。

　おそらくもっとも大切なことは、混乱した人は言葉以外のものに大きく依存しているということです。急いでイライラした声の調子や鋭い身体の動きは、相手を認めていない、我慢できないと受け止められてしまうでしょう。笑顔と心からの愛情が安心させ、温かさを伝えてくれます。あなたの身体がリラックスしていれば、多くのそれとない方法でそのメッセージが伝わり、一緒にいる人も同様にもっとリラックスできるでしょう。

　知力が衰えている人と話をするときには、相手を困らせないようにしましょう。相手は答えられないかもしれませんし、恥ずかしく感じたり、罪悪感をもったりするかもしれません。

ウィニーは紅茶をこぼしてしまいました。ケアワーカーがやってきて叱りました。「ウィニー、どうして紅茶をこぼしたの？」。また別の日に、ウィニーが同じことをしました。ケアワーカーは、今度は彼女にやさしくこう言いました。「心配しなくていいのよ。さっと拭いてしまうから。あなたはメアリーとのお話に戻っていいわ」

## スキンシップ

　わたしたちの社会では、多くの人がスキンシップを奪われています。ここ何か月も、何年もほとんど抱きしめられたりキスをしたりしていない人もいるでしょう。お年寄りの多くは、特にひとり暮らしだと長い間誰からもやさしく身体にふれられることがなく、それが孤独や落ち込みをさらに強くしているのかもしれません。ですから、積極的にスキンシップをもつようにしましょう。手をつないだり、腕を組んで歩いたり、キスをされたり、してあげたり。相手はあなたとふれあってリラックスして、子どものように寄り添っていたいのかもしれません。多くの人は、特に肩のまわりへの軽いマッサージを好みます。これは筋肉の緊張をほぐし、気恥ずかしさなくスキンシップがとれる方法です。

　ですが、なかにはスキンシップをもつことにあまり慣れていなかったり、怖がったりする人もいるので気をつけましょう。誰に対しても無理強いは

いけません。介護者のわたしたちにもまた、それぞれ限界があります。それを超えて不安になるようなことがあっても、誰のためにもなりません。ですから、自分の尊厳を保ちつつ、相手の望みを満たせるような方法を見つけてください。

　ソーントンさんはとても不安そうで落ち着きがなかったので、ケアワーカーたちはもっと刺激が必要なのだと考え、多くの活動を試してみました。ところが、彼女はほんのちょっと興味を示したと思うと歩いていってしまいました。そこでケアワーカーたちは、もっとスキンシップが必要なのではないかと考えました。このときから、ソーントンさんの毎日は違ったものになりました。たとえば、散歩のときは誰かと一緒に腕を組んで歩くようになりました。手や背中のマッサージや、髪をといてもらう時間があり、自然に抱きしめたり、キスをしてもらったりするようになりました。時間がたつにつれて、彼女が以前よりずっと幸せで満足していることに皆が気づきました。

## 第5章
# 人生にもっとスパイスを！

　わたしたちは皆、何らかの形で活動的にしている必要があります。この世界に何らかのしるしを残しているのだと感じる必要があるのです。赤ちゃんであっても、重い障害を抱えた人でも、絶好調の健康な人であってもです。これは知力が衰えているどんな人にも、年齢を問わずあてはまることなのです。もう少し詳しく説明しましょう。活動的だと、どんなメリットがあるのでしょうか？

- ●達成感が得られる
- ●自分自身についての感情、自尊心が高められる
- ●まわりの人と自然なふれあいがもてる
- ●信頼と協力する能力が高められる
- ●自己表現や喜び、笑いがうながされる
- ●人生に意味が生まれる
- ●健康になり、身体の調子がよくなる

言い換えれば、活動的であるということは、人間を人たらしめるのに大きな役割を担っているのです。たいていの人は、自分は活動的であり続けると想定して生活しています。これらがすべて奪われたらどうなるだろうと立ち止まって考えることはありません。ですが、あなたの活力が奪われてしまう可能性を少しの間考えてみてください。さらに、毎日同じような日々を送らなければならないとしたらどうでしょう？　ほとんど何もせずに毎週過ぎていくとしたら？　それでは生きているのではなく、存在しているに過ぎません。こんなことが長く続けば、自分が人であるという実感をもてなくなってしまうかもしれません。

　あなたが介護している人の必要なものを思い描きながら、これらのことを考えてみてください。その人はできる限り活動的にしていますか？　あなたがもっと多くの活動を提供できれば、その人はもっと気分がよくなりますし、あなたの仕事もさらに興味深いものになるでしょう。

　　グレイさんはとても精力的で落ち着かない人でした。彼がいつも歩き回るのが妻の気にさわっていました。そこで彼女はひらめいて、運動用の自転車を買って彼に勧めました。彼はそれが気に入って、歩き回る代わりに愛用するようになりました。妻のイライラも解消され、自転車は大いにその価値を発揮しました。

第5章　人生にもっとスパイスを！

## ふたつの誤解

　混乱した人たちが活動的であろうとすると止められることがありますが、その際にこのふたつの理由のいずれか（または両方）があげられます。まずは、安心感を得るためには毎日正確に同じ日課が必要だというものです。これはまったくのうそではありませんが、**本当に大切なのは、安心感とは何よりもまず介護している人への信頼、そしてその人たちがまわりにいてくれるという感覚から生じるということです。それはまた、本拠地のようなもの — 本当に家と呼べる場所をもつことから生じます。これらが揃っていれば、多くの混乱した人は多様性や変化にもうまく対応していける**でしょう。

　もうひとつの誤解は、混乱した人ができることはとても限られているうえ、脳損傷のせいでやがてほとんどすべての能力を奪われてしまうという想定からきています。これもまったくのうそではありませんが、**本当に大切なのは、彼らにできることはたくさんあるということです。これを探し出して対応するのが、わたしたちの技がいるところです。**彼らのもてる力を使えるように手助けしなければ、脳損傷の進行よりもずっと早くその能力は失われてしまいます。よくいわれるように、「使わないものはだめになってしまう」のです。頭のしっかりした80歳の人でも、ほんの2～3か月ベッドに寝たきりにされているとひとりでは歩けなくなってしまうというのは、深刻に受け止めなくてはならない事実です。

## その人にふさわしい機会

　記憶障害などを抱えた人が、以前にできたことの多くをできなくなってしまうというのはもちろん本当のことですし、ときには興味をなくしてしまったかのように見えることもあります。もしかしたら、自分の障害に直面しなければいけないことに失望しているのかもしれません。ですが、**介護者としてわたしたちができることは「その人にふさわしい機会」を提供すること**です。これはつまり、できることとできないことを考慮して、**もっとやさしくした活動に参加してもらう方法**です。このことを真剣に考えてみると、思っていたよりもずっと多くの活動があることにきっと気がつくでしょう。わたしたちの仕事は、その人たちのもっている能力を認識し、引き出し、できない部分を埋めることです。これは一種のパートナーシップで、お互いに貴重なものを与え合うのです。このように、その人にふさわしい機会を生み出す方法を探し続けてください。

　たとえば、以下の例に登場するエセルの場合（55ページ）は、単純な家事が大きな価値のあるものになりました。エセルがただの足手まといではなく、本当に活動的になるチャンスとなったのです。そして彼女は、自分がしたことが感謝されたと知っていました。

　ひどく混乱してもろくなった人たちは、刺激や、やりがいのあることを以前より必要としなくなる代わりに、もっと1対1の関係を必要とするようになりますが、それでも彼らにできて、そして彼らにとって意味のある

楽しい活動を提供することは可能です。

## 何をすればいいのかについての提案

　介護される人とあなたが一緒にできそうなことのリストを作っておくと役立つでしょう。あなたが思っているよりも、できることはもっとたくさんあるはずです。ひとりかふたり、まわりの人に相談してみるといいかもしれません。

　守るべき原則は、十分にやりがいがあること、そして種類が多いことです。けれども、やりすぎると相手はフラストレーションがたまったり、疲れきってしまったりするので気をつけましょう。以下にいくつかのアイデアをあげておきますが、一人ひとりの能力や好みに応じて、リストは当然ながらその人固有のものになります。

### 料理

　混乱した人でもできることがたくさんあります。量った材料をボウルに入れたり、混ぜたり、こねたり、ペストリーを切り分けたり。匂いをかいだり、味見をしたり、出来上がった料理を自慢したりというのは、たいてい誰でも楽しめるものです。男性は皆やりたがるというわけではありませんが、なかには料理が好きな人もいることを忘れないでください。

ゴールドマンさんはかつて、とても料理上手で家族の世話をするのが大好きでした。今では94歳になり、67歳になる一番下の息子に介護されていましたが、退屈して無関心になることがよくありました。ある日、孫たちが訪ねてくる準備に、フルーツケーキを焼くのを手伝ってもらうことにしました。ふたりは台所に一緒に座り、息子は母親にできる仕事を頼みました。すると彼女は、若かった頃に台所でしていたように歌いだしました。ケーキは大成功でした。

## ダンス

　混乱していても、ダンスのやり方を覚えている人は多いものです。ほかの人とやるもので、楽しく、技が求められることから、最善の活動のひとつです。たとえ腕や手だけであっても、音楽に合わせた動きはすべて一種のダンスです。ですから、歩けなくなった人でも参加できます。

## 花

　花はさまざまな喜びを与えてくれます。単に眺めたり、きれいに活けてあるのを見たり、ほかにも数えあげればきりがありません。混乱した人は花を摘んだり、花瓶に活けたり、花びらをさわってみたりするでしょう。剪定バサミを使っても大丈夫な人なら、枯れた花を取り除いたりもするかもしれません。

3人の入居者がかわいい色とりどりの花々を庭から摘んできましたが、マーフィーさんは動けず、ひどく混乱しているので一緒に摘みに行けませんでした。かわりに、マーフィーさんは摘んできた花を活けてほしいと頼まれました。彼女の膝の上のトレイに花が並べられ、彼女はひとつずつ香りを楽しみながら選び、介護者がそれを花瓶に活けました。

## ゲーム

　ここには多くのものがあげられます。ドミノのようなテーブルゲーム、ビリヤードやボウリングなどのボールゲーム、トランプ、ビンゴ、腕相撲、ジェスチャーゲームまで。その人にふさわしい機会のことを心に留めておいてください。さらにパートナーシップが必要となるでしょう。

## ガーデニング

　庭仕事の多くは、知力が衰えている人にも手伝えるように、その人にふさわしいアレンジができます。草刈り、枯葉集め、種まきのための土ならしはどうでしょう？　アルツハイマー病を抱える若い人のなかには力が余っている人もいるでしょうから、大変な土堀りも楽しんでやるかもしれません。安全で、やっかいな「判断」（たとえば、苗木と雑草や熟した果物とまだ熟していない果物の区別など）が求められなければ、たいていのことは可能です。鉢植えでも、植え替えや、枝を切ったり挿し木したり、何

かを種から育てるなど、できることがたくさんあります。

**家事**

　一般には、混乱した人は全面的に介護してもらいたいのだと思われがちですが、本当は往々にして彼らは貢献したいと思っていて、必要とされ役立っていると感じたいのです。埃とりや掃除機、窓拭きなどをやってもらってはどうでしょうか？　ちゃんと安全にできて、貴重な物が壊れないように確認しておきましょう。

　　ダルトンさんは娘の自宅で介護を受けていましたが、いつも「何かできることはないかしら？」と聞いていました。何か手助けがしたくて本気で聞いているのだと娘は気づき、メラミンの食器を買ってきました。おかげで、ダルトンさんは皿洗いができるようになりました。

　　エセルは深刻な記憶障害を抱えていますが、それでも何か役に立ちたいといつも忙しく動き回っています。そこで、昼食のあとにテーブルを拭くのを手伝ってくれないかと介護者は彼女に頼みました。介護者もエセルと一緒にいて、同じ仕事をします。終わってから介護者がお礼を言うと、エセルはとてもうれしそうです。後でもう少し拭き直さなければなりませんが、そんなことは問題ではないのです。

### 音楽

　ダンスの場合と同様に、最近の出来事の記憶がなくなってしまってからもずっと、音楽に関する能力と記憶は残るものです。あなたがもし家族介護者なら、あなたが介護する人の好みの音楽はご存知でしょう。あなたがもしケアワーカーなら、探しあててください。あなたと相手のふたりだけでも、20人くらい一緒でもいいので、歌ってみたらどうでしょう。簡単な楽器や代わりになるものでバンドを作ってもいいでしょう。

### 外出

　家の外に出かけて、しばらくほかの場所で過ごすのは楽しいものです─気の合う人と一緒ならですが！　郊外に出かけたり、ピクニックをしたり、列車に乗ったり。家の近くに、レストランや公園があるでしょう。行ったことのない場所なら、十分な椅子があるか、休めるところがあるか、階段などの障害物がないかを事前に確認しておきましょう。

### 散歩

　散歩は何も特別な場所に行く必要はありません。単に近所のなじみの場所を散歩するだけでも、室内にいるのに比べていい気分転換になります。運動になりますし、地域がどんなところだったかを思い出させてくれるでしょう。ですが、もっと足を延ばして散歩するのもすばらしいものです。なかには「歩くために歩く」というのを受けつけない人もいます。買い物や郵便局へのお出かけ、喫茶店に行くなど、散歩をほかのことに組み込め

る方法はたくさんあります。本当に事態をよくわかってくれている友だちがいるなら、おそらく顔を見に出かけていくのに越したことはないでしょう。

## ペット

ひどく混乱している人の多くはペットが大好きで、ペットのほうも往々にしてそれに気づいているようです。ペットならば近くでふれあって、何も「意味の通った」ことを言わなくてもいいのです。何もしゃべらなくたっていいのです！

## 信仰習慣

あなたが介護する人は、信仰をもっていましたか？ もしそうであれば、今、信仰を持ち続ける機会を与えられていますか？ 長年信仰をもってきた人は、信仰がその生活全般に組み込まれています。賛美歌やお祈りの言葉は、ほかの言葉をとっくに忘れてからでも思い出せるものです。

オーショネッシーさんは生涯を通じて教会の熱心な信者で、ミサにも毎日通っていました。彼女がはじめて老人ホームにやってきたとき、彼女に信仰の望みがあるとは誰も考えませんでした。ある日、教会の仲間たちが訪ねてきて、古いミサの音楽を集めて作ったテープを彼女に贈りました。スタッフは毎朝、彼女のためにそのテープをかけるようになりました。オーショネッシーさんは時々音楽に合わせて歌い、とても満足しているようでした。

### どんどんほめよう

　知力が衰えている人は、困難なことや不便なことが多いので、ほめられ、励まされることをとても必要としています。ですから、何かがうまくできたときは、ほめてあげるようにしましょう。

**家族介護者の方へ**

　　特に疲れているときや怒っているときなど、ほめることを忘れがちではないでしょうか？　どんなに小さなことでも、何かがうまくいったときはよく見ていてあげてください。それはひとりで洋服を着られたとか、失敗せずにトイレに行けたというような単純なことかもしれません。また、デイサービスから帰ってきたときには温かく迎えてあげましょう。

**ケアワーカーの方へ**

　　グループ活動のなかで人を元気づけられる場合があります。もしあなたがうまくやれば、このような機会を使ってプラスの感情を広めていくことができます。たとえば、こんなふうにです。
　　―部屋中の全員からの抱擁や握手―歌―拍手―万歳三唱、バッチ

や庭の花

　このようなことをする場合には、誰かをこうしてほめることで、ほかの人をますます落ち込ませたりしないように注意しましょう。一人ひとりがその能力に応じて達成できたことを見守りましょう。

## 避けなくてはいけないこと

　介護者のわたしたちも結局は人間ですから、多くの過ちをおかしてしまいます。ですが、活動をするにあたって以下の３点に気をつけるようにしましょう。

1. 介護される人が失敗するとわかっているような状況におくのはやめましょう。おそらく、自分ができないことについてはすでにとても敏感になっているでしょうから、それを思い出させて苦痛を与えるべきではありません。

2. 通常、混乱した人は抽象的な思考がもっとも苦手なので、これを多く伴う活動は避けましょう。

3. 介護者が主に積極的な役割を果たし、本人は見ているだけか本当に些細なことをするだけとなるような活動は避けましょう。

ビンゴゲームをしたときのことです。新しいケアワーカーは、ディクソンさんとパートナーになりました。ゲームが進むにつれてケアワーカーはどんどん興奮して、まるでディクソンさんがその場にいるのを忘れてしまったかのようでした。最後にケアワーカーは「ビンゴ！」と叫んで立ち上がり、みんなに笑いかけて言いました。「僕の勝ちだ！」。ディクソンさんはすっかり忘れられてしまいました。

## ケアは協力

　もしあなたが相手のためにずっと働いていて、相手はほとんど何もしていないとしたら、それはどちらにとってもよくないことでしょう。あなたは負担に感じて怒るでしょうし、相手もおそらく役立たずに感じるか、すっかりうんざりしてしまうでしょう。お互いにしてあげたりしてもらったりできるように、自分の活動をどう組み込むかを学ぶほうがよっぽどいいはずです。

　**最高のケアは常に一種の協力です**。たとえ相手に残された能力がほんのわずかであってもです。とてつもなく困難ななかにあっても、こういうふれあいをもつことは、人生はまだ捨てたものじゃないとお互いに思わせてくれるでしょう。

ロイスは車椅子で動き回ることができますが、動こうとしていたときにソファに引っかかってしまったので、介護者は彼女に声をかけて車椅子を自由にしました。ロイスは進みましたが、今度は出入り口でつまずいてしまいました。介護者は、また声をかけて、出入り口から通してあげました。ロイスが寝室に行きたそうにしていたので、介護者はただこれに気づいただけでなく、彼女をそこまで手早くてきぱきと押していきました。介護者が気持ちを察して対処したので、ロイスは自分のやり方で、やりたかったことができたのです。

# 第6章
# 居心地のいい場所をつくるためのヒント

　自分の住む場所が気に入っているということは、誰にとっても大切なことです。自分の家は、くつろげる場所であってほしいものです。知力が衰えている人にとっては、かつてないほど遠くへ行くような感覚があるので、居心地のいい場所がとりわけ大切なのです。また、細かいことは忘れてしまうような人でも、場所の感覚は強く残っているということがよくあります。ですから、介護者として家の居心地に気を配り、もしできることならば、介護される人の望みを満たせるように工夫してください。家に気を配るようになると、学ぶことが多いのに驚かされます。

**家族介護者の方へ**

　混乱した人を自宅で介護しているなら、いくつか変更が必要な点があるかもしれません。これについては、社会福祉サービスや医療サービスから手助けやアドバイスをもらうことができます。お風呂

場やトイレ、階段を改修する必要があるかもしれません。椅子やベッドにカバーが必要かもしれませんし、事故を避けるために台所のレイアウトの一部を変える必要があるかもしれません。かなり長い間別々に暮らしていて家に引きとることになった場合は、介護される人は迷子になりやすいでしょうから、道案内やラベルが役立つかもしれません（試してみる場合には、本当に役立っているかどうか慎重に観察してください。かえって家の様子がおかしく感じられてしまうかもしれませんし、混乱した人がそれらのサインを使いこなす能力にはいずれにしても限りがありますから）。自宅に手を入れる場合には、常識があれば自分たちで対応できるものもありますが、専門家のアドバイスも受けられますし、あなたにはその権利があるのです。また、大規模な改造をする場合には資金援助がされることもあります。

### ケアワーカーの方へ

あなたの立場によって、職場の環境を変えられるかどうかについては意見が分かれるでしょうが、理想的とはいえない体制があって、どうやって改善するかの提案があるのならば、やってみてはどうでしょうか？　少なくとも、それについて何とかできる人たちの関心を引くことはできるでしょう。うまく話をもっていくことができて、あなたが状況を改善するために役立ちたいということがはっきりしていれば、あなたの提案は本当に感謝してもらえるでしょう。

以下のチェックリストを見てみましょう。これは主に、大勢のケアをしている状況にあてはまるものですが、もしあなたがホームヘルパーならば、その大半はあなたが訪問するお宅にも該当するはずです。

●**温度**　暖かさは十分ですか？　暑すぎませんか？　すきま風の入ってくる場所がありませんか？

●**照明**　十分な明るさがありますか？　まぶしいものはありませんか？　照明の加減は調節できますか？

―――――――――――――――――――――

　グリーンさんは、自宅で妻の介護をすると心に決めていました。彼はアルツハイマー病協会から情報をもらい、どんなことが起きるのかはっきりとわかっていました。しばらくの間、妻は急な階段を昇って小さな浴室トイレで何とか用をたしていましたが、後にこれがとても困難になりました。そこで、社会福祉サービスからのアドバイスで、階下にトイレを設置しました。彼はいつも少しドアを開けておくようにし、トイレが見えるようにしておきました。また、小さなベッドルームだったところにシャワーをつけて、浴室用の椅子を置きました。グリーンさんは家の見栄えをよくするのは得意ではありませんでしたが、ホームヘルパーが週２回来て、見栄えを含むいろいろな面で助けてくれました。このような変更を加えたおかげで、グリーン夫妻が共に過ごす生活はだいぶ改善されました。

―――――――――――――――――――――

●**安全** 事故につながりそうなものはありませんか？ 火傷しそうなものは？ 加熱したラジエーターは？ つまずきそうな電気コードは？

●**家具** テーブルで食事をする、快適に腰かけるなどのニーズを満たしていますか？ 簡単にひっくり返りそうな家具はありませんか？

●**くつろぎ** 椅子は本当にくつろいで腰かけられるものですか？ 背もたれは十分ですか？ 楽に腰かけ、立ち上がることができますか？ 後ろにもたれたり、片側にもたれたりする癖のある人にふさわしい椅子がありますか？ フットレストがあって、適宜使われていますか？

●**換気** 空気は新鮮ですか？ 匂いがあたりに残りますか？ それとも楽に消すことができますか？

　ブライアンが西棟で働き始めた頃、主に使われている背もたれのまっすぐな高い椅子から、動けない人たちがいつも滑り落ちていることに気がつきました。この人たちのために特別な椅子を買うことを彼は提案し、2台のリクライニングチェアを買って試してみたところ、大成功となりました。

●トイレ　わかりやすい場所にあり、障害物などがありませんか？　あなたが介護している人はどうやって行くか知っていますか？　使い方は簡単ですか？

●刺激　その環境は目や耳にどんな印象を与えますか？　家庭的な雰囲気ですか？　興味を引くものがたくさんありますか？　あまりに多くのことが起こっていませんか？　退屈でつまらない場所ですか？

●テレビ　どのように使われていますか？　本人が実際に見ているならばつけておいてかまいませんが、テレビのつけっぱなしはよいことがないばかりか、すぐに気が散ってしまいます。自宅であれ施設であれ、質の低いケアの目印になるのは、人が相手をする代わりにテレビをつけっぱなしにしておくことです。

●BGM　どのくらい、どんな音楽をかけていますか？　音楽はすばらしく心地よく、くつろがせてくれるものです。歌や踊りと組み合わせれば、年齢を問わず、混乱している人にとって大きな喜びとなります。しかし、テレビと同様、BGMそれ自体では刺激にはなりません。本当の人とのふれあいでしか埋められないものを代わりに埋めることはできないのです。

●**寝室**　中に入ったときに、どんな人が使っているか感じとることができますか？　それとも個性のない部屋ですか？　写真や個人の家具、壁の絵、思い出の品など、本当の個人の興味や嗜好、経歴をはっきりと示すものがありますか？　その部屋は使う人にとって「ここはわたしの特別な場所」といえるものですか？

●**座席の配置**　部屋中の椅子は列になって並べられていますか？　お互いにもっとやりとりがしやすいように椅子を並べ替えることができますか？　歩けない人も十分なふれあいがもてるような配慮がありますか？　静かなところに座るか、それとももっと活動的なところに座るかを選べるようなスペースの余裕がありますか？

●**動くスペース**　歩き回りたい人が安全に歩ける環境ですか？　外で歩けるように工夫がされていますか？

ジャニスはパークビューでのケアの仕事を始めたばかりで、以前に研修を受けたことはありませんでした。彼女が働いていた部屋はとても混雑していて、歩き回る人には当然ながら十分な余裕がありませんでした。もっとスペースがとれるように長い廊下へのドアを開けておいたらどうかと、施設長におそるおそる提案したところ、施設長は疑わしげでしたが、やってみることに賛成しました。入居者たちは廊下を使い始め、混雑しているという感じはだいぶなくなりました。廊下へのドアを開けておくことは、まもなく当たり前の習慣になりました。

　これまで見てきた実際的なことはすべて大切ですし、注意を向ける必要があります。効率よくすることも、本当にいいケアの一環なのです。それ以外に大切なことがあるということはもちろん皆さんおわかりでしょうが、それはもっと難しいものです。つまり、**その場所を本当に家庭的なものにできるかどうかは、そこにいる人たちとその人たちがつくりだす雰囲気とにかかっているのです**。最高の家具、機能性の高いカーテン、最新の器具―これらがあっても結局、「我が家」にはならないのです。ひどくみすぼらしい場所であっても、陽気で温かい感じがする場所があります。**特別な魔法をかけるのは、そこにいる人たちとその態度なのです**。その人たちがくつろいでいて温かく、やさしい心と思いやりをもっていることが何よりも大切なのです。家とは、**一人ひとりが人として尊重される場所**なのです。

# 第7章
# 「徘徊」や失禁、攻撃……
# 認知症の「困った！」にどう対応すればいいの？

　年齢を問わず誰でも、知力が衰えてくると楽しく気ままな生活をすることがとても難しくなります。世界は以前よりもおそろしい場所のように思えます。まわりの人も自分のことを理解してくれずに離れていき、誰なのかすらもだんだんわからなくなっていきます。ですから、混乱した人はときにすごく不安になるので、安心し、支えてもらうことを強く求めるのです。また、彼らは失敗するとすぐにくじけてしまいます。お年寄りは、これらの困難に加えて、その年齢層に共通する病気や障害も抱えているので、生きていくうえでのあらゆる問題によって打ちのめされてしまうことは想像に難くないでしょう。

　混乱した人の行動が介護する側にとって問題になっているときは、このことを心に留めて対応してください。彼らの行動がどんなに不都合で面倒でも、理解しようとしてください。彼らの直面している喪失や障害を抱えて生きるとしたら、うまくやっていける人なんているでしょうか？

　もうひとつ、考えてほしいことがあります。単に「彼ら」が問題で、「わ

たしたち」が解決策なのではなく、**実際にはわたしたちの想像力や思いやり、やさしさ、注意が足りないために、「わたしたち」も問題の一部である**ことが往々にしてあるのです。ですから、問題が起きたときは「彼ら」が引き起こしたものではなく、わたしたち皆が共有するものだと捉えるようにしてみましょう。

　手っ取り早い解決策をとろうとする代わりに、以下の５つの質問を自分にしてみましょう。


- それは本当に問題なのでしょうか？　どれくらいの頻度で起きていますか？
- どうしてそれが問題なのですか？
- 誰にとって問題なのですか？　わたしたち介護者が変化や適応、受け入れを拒むことで問題にしたのではありませんか？
- 「問題行動」をする人は、わたしたちに何かを伝えようとしているのでしょうか？
- どうすればその人の生活の質を高めるような方法でこの問題を解決できるでしょうか？


介護者がこの５つの質問に答えていくだけで、「問題」は消えてなくなってしまうものです。

アイリーンは夫と知り合った当時からきちんとした人で、子どもたちにも「きちんとしたテーブルマナーを」と主張していましたが、彼女の物忘れが深刻になって1年ほどたった頃、ナイフとフォークを「使うべき」なのに指で食べるようになりました。しばらくの間、夫は彼女に「きちんとさせようと」しました。そのためにどちらも不機嫌になり、最悪の場合、彼女は彼に向かってとても荒々しく叫びました。ある日、夫はやり方を変えることにしました。テーブルクロスをナプキンとして彼女に使わせて、食べたければ指で食べさせるようにしました。そうすることで、口論も攻撃的な態度もなくなりました。

では、ここでよくある7つの問題を見ていきましょう。

## 1.「徘徊」

　多くの介護者は、「徘徊」は何かを探しているのだと感じています。混乱した人はいわば迷子なのです。なじみの場所や愛する人を探しているのかもしれませんし、仲間や安心を求めているのかもしれません。もしかしたら活気や十分な刺激がなくて、単に生きていることを実感したいだけかもしれません。「徘徊」や落ち着きのなさは夜にかけて増えるようですが、これはどうしてなのでしょう？　おそらく、夜には感覚に訴えるものが少ないからでしょう。陽の光は消え、人が活動する物音も静まり、きっとまわりにあまり人もいないでしょう。ですから、仲間といることで安心する

混乱した人は不安になり、落ち着きがなくなってくるのかもしれません。
　「徘徊」をやめさせようとすることは無意味です。鎮静剤を使っても、徘徊という「問題」がなくなるより、「徘徊」する人を余計混乱させてしまう可能性が高いでしょう。ですから、安全に「徘徊」できるようにするほうがいいのです。

　ライトさんは娘と小さな家に住んでいましたが、彼女はよく「徘徊」していました。雨がひどい日や寒い日は外に出るには問題でした。ある日、娘はいいことを思いつきました。家のすぐ近くに教会があったので、母親と一緒に教会の中を歩き回ってもいいかと牧師に尋ねたところ、牧師は賛成してくれました。母娘は教会に行くことを楽しみ、時にはオルガンを聴くこともありました。ライトさんの要請で、牧師は自分の教区での認知症の問題に注意を向けるようになりました。

　ジムは歩き回るのが好きでした。彼は人生の大半は農業をしてきたのですが、施設に入るとひどく落ち着きがなく、元気があり余っているようでした。そこで娘の許可を得て、スタッフは主要道路を通らないような地元の「巡回路」を彼に教えました。最初は彼が巡回路を覚えているかどうかスタッフが確認していましたが、それからは自由に歩かせるようになりました。実際、彼は一度も迷子にならず、いつも施設に帰ってきました。

　＊訳注：「徘徊」という表現はよく使われますが、この表現自体が、認知症がある人の行動を不適切だと見なすもので、問題を提起するものだといえるでしょう。「徘徊」は、認知症がある人にとっては、何かを達成するためにどこかに行こうとする実に理にかなった願いを反映しているのかもしれないのですから。
　参考：『パーソンセンタードケアで考える認知症ケアの倫理』P.85
　　　　『認知症を乗り越えて生きる』P.278「海辺を徘徊する」

しかし、「徘徊者」をもっと安心させる方法があります。しばらく一緒に歩いてみましょう。彼らはあなたの手や腕をとったりしますか？「あなたは安全だし、誰かがいつも必ず近くにいますよ。置いていったりしませんよ」と言って安心させてください。家具やレイアウトへの変更は最小限に抑え、夕方以降にはしないようにしましょう。夜中に「徘徊」する傾向のある人には、寝室に明かりをつけておくといいでしょう。

　しかし、混乱が「徘徊」のすべての原因になっているわけではなく、ほかにもいくつか原因が考えられます。もしかしたらその人はトイレに行きたいのかもしれません。どこかが痛いのかもしれません。服が汚れて気持ちが悪いのかもしれません。退屈なだけかもしれません。なかでも最もわかりやすいのが運動不足です。毎日いくらか運動するように、もっといろいろな活動をするようにしましょう。健康的な疲れを感じながら眠りにつくのはいいものです。

　その人がひとりで外に出てしまう傾向があるなら、いくつか検討することがあります。その人の状況によっては、外に出るドアに鍵をかける必要があるかもしれませんし、おそらく鍵もドアの下の部分などのなじみのない場所につける必要があるでしょう。混乱した人には必ず身分証明を持たせるようにしましょう。「徘徊」してもすぐ事故につながるわけではないのですから、パニックを起こさず、警察に連絡して探すのを手伝ってもらいましょう。どうすれば再発を防げるかを考えましょう。また、刑務所のように完全に閉じ込めてしまうよりも、少しくらいのリスクならば引き受けたほうがいいでしょう。

## 2．失禁

　ひどく混乱した人は、（全員ではありませんが）多くがどこかの時点で失禁をするようになります。多かれ少なかれ、希望や自尊心を捨ててしまったという人もいるでしょう。安全で本当にやさしく、尊重するようなケアをされることで、また失禁をしなくなるということはよく知られています。ですから、あなたが介護している人が失禁をするようになったら、まずこう自分に尋ねてください。「この人には、何か満たされていない望みがあるのかしら？　それを満たすことはできるかしら？」と。ですが、話はこれだけではありません。失禁のなかには、本当に脳損傷の結果として引き起こされるものもあるのです。

　失禁をしてしまうこと、そしていつそうなるかすらわからないということがどんなに恥ずかしいか、理解してください。これらの機能を管理する能力は、子ども時代の早い時期に発達します。とてもプライベートなことですし、もっともデリケートな部分で慎みの感情にふれるものでもあります。ですから、失禁をした後、その人はものすごく恥じて、汚れた服を引き出しや戸棚にいれて失禁の事実を隠そうとするかもしれません。それでも責めないでください。失禁をしてしまっても、怒った学校の先生のように振舞わないでください。そんなことをしても、相手を落ち込ませてしまうだけです。いちばんいいのは、起こったことに対して淡々と事務的に対応し、きれいに掃除することです。あなたがやさしく受け入れたからといって、失禁を助長するようなことにはなりません。むしろ、相手の感情をわかち合い、もっと自尊心がもてるようにしているのです。これこそ、失

禁をなくしていくのに最善の方法なのです。いちばん厄介な問題は、相手がわざと排泄物を床や家具に塗りつけたりするようなときでしょう。ときにこれは、ほとんど希望をなくしてしまった人が注意を引くための絶望的な試みとして理解されています。

　　ニリーは「排泄物を塗りたくる人」として老人ホームではよく知られていました。しばらく人とのふれあいがないと、ほとんど決まってこの行動が見られました。けれども、ふれあいがあるときは、彼女はとても愛情深く生きいきとしていて、排泄物を塗りたくるようなことはありませんでした。

　もしあなたが介護している人が失禁をするようになったら、医師に相談するのがいいでしょう。泌尿器系の感染症やその他の身体的な問題で、簡単に治療できるものかもしれません。

　失禁は薬の副作用かもしれません。単にトイレまでの行き方がわからないか、間に合うように服を脱げないのかもしれません。ポータブルトイレをわかりやすいところに置いておくと助かる人もいるでしょう。服も、ファスナーやボタンの代わりにマジックテープを縫い付けたりすると脱ぎやすくなるでしょう。ビニールシートをマットとシーツの間に敷くのもいいでしょうし、椅子にも同様のことができます。パンツ型のおむつのほか、

取替えパッドもあります。使う際には、これらは赤ちゃんではなく、大人のために特別にデザインされたものだということを思い出してください！パッドを必要に応じて交換し、お尻を清潔で乾燥した状態に保てるよう、気をつけてください。

　　カスバートソンさんは問題を抱えていました。妻が失禁をしてしまうので、彼は何度も後始末をしなければならないのです。アルツハイマー病協会のミーティングでたまたま尿もれ防止パッドについて耳にし、すぐ翌日に買いに行ったところ、とても効果がありました。

　トイレに行く時間のパターンも見つけ出せるかもしれません。そのためには、あなたが介護する人が正確にいつトイレに行く必要があったのかを数日間注意深く記録し、そこにパターンがあるかどうかを見てみましょう。もしあれば、それに沿って対応し、失禁を防ぐことができるでしょう。老人ホームでは、一人ひとりが個人として存在していて、それぞれに独自の排泄のパターンがあるということを把握してください。

## ３．攻撃

　知力が衰えている人のなかには、年齢を問わず、ときにひどく怒ったり暴力的にすらなる人がいます。これは驚かされると共に、おそろしいことでもあります。多くの時間と精力を費やして献身的に介護をしている家族

介護者にとっては、これはものすごく傷つくことであり、苦しいものです。通常、ひどいフラストレーションや不安によって攻撃性が引き起こされます。

- 何かを言いたいのに、誰もわかってくれない。
- 何かをしたいのに、誰も手伝ってくれない。
- 不快なことや痛みがあるのに何もできない。
- 他人にすごく依存していることに悩んでいる。
- 記憶の喪失やそれに伴うあらゆることが自分の身に起きていることに怒っている。

　このような考えられる理由を検討してみてください。
　そして、攻撃性の奥にある実に人間らしい望みをわかってあげてください。たいていの場合、それは力と支配に関係しています。混乱して治ることのない人は、自分の人生を支配することがほとんどできなくなってしまいました。攻撃は、彼らに残された数少ない力のひとつなのかもしれません。彼らは、まわりの人が力をもちすぎていると感じているのかもしれません。すごく屈辱を感じているなかでできることのひとつは、自分よりも弱いものを探してそこで粗野な力をふるうことです。ときには、攻撃はまわりの人から切り離されたことに関係があるか、生きている人としての実感がもてないことに関係しています。おそらく、本当に注目されたり配慮してもらったりするためにそこで残された唯一の方法が何らかの暴力をふるうことなのです。ですから、攻撃はその人が人とのふれあいと意味のあ

る人生をとても必要としているというメッセージなのでしょう。

　ゼナは施設に入ったばかりでした。ある日、彼女は気に入らない同居者を「ゴツン」とやりました。ケアワーカーが「被害者」の面倒をみて、その場から連れて行きました。別のケアワーカーはゼナにやさしく話しかけました。「ゼナ、あなたはとても腹が立っているんじゃない？　ここで暮らすのは簡単なことじゃないものね」。彼女が台所に来て皿洗いを手伝ってくれるか尋ねると、ゼナは喜んでついていきました。

　ジョナサンは男やもめの父親の面倒をみていましたが、彼らはときに言い合いになり、いつか殴りあいになってしまうのではないかとジョナサンは恐れていました。そこで彼は社会福祉サービスを通じて女性のホームヘルパーの助けを得たところ、ヘルパーは父親をなだめることができました。ジョナサンはとても息抜きを必要としていたので、ヘルパーの訪問の際に外で息抜きをし、彼が家に戻ると父親はいつも状態がよいようでした。父親は女性の友だちがほしかったのかもしれないと彼は思いました。

　スタンは自宅で暮らしていましたが、いつも気分のムラがありました。特に知らない人から電話があったときなど、ひどく怖がって怒ることがありました。こんなとき、妻は彼の近くに座って安心させるように話しかけました。また、彼を強く抱きしめてあげることもありました。

暴力的な行動に対応するには、長期的には、根底にある望みを見つけてそれを満たすに越したことはありませんが、これは簡単ではありません。攻撃的な行動パターンをとっている人が十分に安心してリラックスし、変化するには時間がかかるでしょうから、短期的には緊急措置が必要です。危険なほど攻撃的になっている人に対応するための指針を以下にあげておきます。

- まずあなたが冷静になってください。ひどく動転している人にとっては、相手も自制が効かなくなったように見えるととてもおそろしいのです。声の調子でやさしさを伝え、安心させてください。

- 空間を与えてあげてください。締め出したり、捕まえようとしたり、その場からどかせようとすると、とても怖がらせてしまうのでやめましょう。身体にふれると反応する人もいますが、ひどく自制が効かなくなっていたり、あなたのことをよく知らないような場合には危険をおかさないようにしましょう。いずれにしても、あなたのとる動きを相手によく説明して、最小限の動きに抑えましょう。

- かなり緊迫した状況では、まわりの人、特に危険があるような人はその場から遠ざかるように指示してください。誰も介入しないように頼んでください。まわりの人の助けが必要になるかもしれませんが、その人たちは離れて、できることなら視界に入らないところにいるべきです。

●攻撃性を引き起こしたものから関心をそらすことができるように、何かその人ができることを提案してください。

　ここで述べていることは単なる「応急手当」のようなものに過ぎないので、これで根底にある問題が解決できるわけではありませんが、ひどい状況になるのを避けるためには、とにかく頭を冷やすことが必要なときがあるのです。根底にある望みは、可能であれば満たすための努力が必要です。相手が落ち着いて、しばらくほかのことをした後で、どうしてあんなに腹を立てたのか、どうやったら今後再発を防げるか聞いてみましょう（もちろん、はっきりと思い出せないかもしれませんから、やりすぎてはいけません）。介護にあたっているほかの人と問題を検討してもいいでしょう。いずれにしても、攻撃的な行動があったときにどう対応するかを介護者同士で合意しておくに越したことはないでしょう。

### 4．物を隠す・なくす

　認知症がある人はよく物をなくしてしまうようですが、このためにますます混乱し、恥ずかしく感じるのです。また、家族にとっても、玄関の鍵や借りている本、未払いの電気代の請求書やお気に入りの宝石が忽然と消えてしまうのはものすごく厄介なことです。

　この種の行動の大半は「安全にしまっておこう」としているためと理解できます。自分は物忘れがひどくなっていると自覚しているお年寄りの状況を想像してください。物をどこに置いたかわからなくなってしまうので

はないかと心配になるのです。ですから、本当に安全な場所にしまえばいいと考えるのです。ところが問題は、安全な場所がどこだったのか、そもそも何を安全な場所にしまっておこうとしたのかを忘れてしまうことなのです！

しかし、物を隠したりなくしたりするのは、ただ特定のものを安全にしまっておきたいからというだけではないようです。もしかしたら、認知症を抱える人には、物が失われ続けているという感覚があるのかもしれません。これはある意味で真実ではないでしょうか。なかでもいちばん困るのが、自分自身の一部が失われていっているという感覚であり、自分が将来どうなるかわからないことです。そしてこういう状況にある人にとっては、すべてが変わっていく、それも悪い方向に変わっていくように感じられ、ひどく不安になるのでしょう。ですから、物を隠すという行為は、これ以上物が失われることのないようにしているのだと捉えることもできるでしょう。

ロンは法的手続きのために結婚証明書が必要だったので、街に持っていけるようにそれを出して用意していたのですが、すぐ後になくなってしまったことに気づきました。妻は何も知らないと言いましたが、ロンは大事なものを置くときは気をつけなければいけないとわかりました。妻が亡くなって、ロンが彼女の荷物を整理していたときに、彼女が大事にしていた古い聖書の間から結婚証明書が出てきました。

　あなたが介護する人が不安を感じているときに見せるしるしを認識できるようにして、もっとも不安に感じていたのはいつ、どんな状況かに注意してください。安心できるように、できることはやってみてください。言葉だけでなく、行動によっても安心させることはできるのです。

### 家族介護者の方へ

　過去にあった、おなじみの楽しく心安らぐものを考えてみてください。

- ●大好きな散歩やドライブ
- ●特別な料理
- ●お気に入りの洋服

●長年ご愛用のコップ

●美しい思い出を呼び起こす音楽

　不安を感じているときには、こういうものがとても効果があります。

　物がなくなる厄介な事態を避けるためには、ものすごく現実的で地に足の着いた対応をする必要があります。すべての重要書類、お金、小切手帳、鍵などを見つけられない場所にしまっておきましょう。陰謀をたくらんだなどと介護される人に思われてしまわないように、うまく考えて対応してください。

## ５．同じことを繰り返す・叫ぶ・その他の騒音

　知力が衰えている人は、ときには壊れたレコードのように何度も何度も同じ話を繰り返すことがあります。

　こういう相手と一緒にいるのはとても疲れるものですし、どうやってもやめさせられないように思えるかもしれません。ときには、ひどく混乱した人は、これといってはっきりした理由もなく叫んだり、うめいたり、泣き叫んだりすることもあります。

　この種の行動には、多くの理由が考えられます。脳損傷の結果だといって片づけてしまうのはすこし安直でしょう。こういう声を出す人たちは、依然として感情のある人間なのですから。どうしてそんなことをするのか、考えられる理由を以下にあげます。

● 「苦しんでいる」「不安だ」「さびしい」と言いたいのかもしれません。

● あまりにもまわりで多くのことが起こっていたり、出来事の展開が早すぎたりするときに「わたしの望みも考えてほしい」という抗議なのかもしれません。

● 「わたしに気づいて。まだここにいるよ」と言いたいのかもしれません。「静かにして」と言われてしまうだけだとしても、まったく注目されないよりは何らかの形で注目されるほうがいいのかもしれません。

● まだ生きていると自分に証明するために、自分に刺激を与えているのかもしれません。これはもちろん、まわりの人からの刺激が少なすぎるということを意味しています。

攻撃的な行動の場合と同様に、その人が本当に何を必要としているのかを示すしるしを探してみましょう。使う言葉のなかにヒントがあるかもしれません。以下の例に登場するエレンは、施設に入ってから途方に暮れて、「自分の家じゃない」と感じていました。よく観察して、ほんの少し想像力を働かせるだけで多くのことがわかるものです。

エレンは老人ホームで暮らしています。彼女は哀れっぽく、「お母さんはどこ？　お母さんはどこ？　お母さんはどこ？」と叫んでいます。しばらくこれが続いた後、誰かがやってきて彼女と少し話をしますが、彼女はまた叫びだします。「おうちに帰りたい。おうちに帰りたい。おうちに帰りたい」。しばらくすると、彼女は椅子にうながされて紅茶を勧められます。けれどもすぐにまた彼女の声がします。「マリーはどこ？　マリーはどこ？　マリーはどこ？」

　エイミーは椅子にもたれていました。彼女の交互歩行器が前に置いてあります。15分ごとに彼女は起き上がろうとしてひどく泣き喚きます。ケアワーカーがこのパターンに気づいて、エイミーが立ち上がるのを手伝い、少し散歩につきあいました。エイミーがまた椅子に座ったとき、彼女はさっきよりずっとしっかりして満足しているようでした。

## 6．性的に不適切な行動

　知力が低下している人も、年齢を問わず依然として性的な必要性や願望をもっています。記憶やその他の知的機能が低下しているからといって、性的な感情はなくなりません。なかには、まるで反対の人もいます。以前に比べて頭脳の働きが低下している部分があるために、性的衝動に従う障壁もまた低くなるのです。

　ここで介護者にとっての問題は、介護される人の性的衝動にどう対応するかということです。あなたがもしひどく混乱した人のご主人や奥さん、

パートナーであるならば、これはとても難しくデリケートな問題です。特にあなたの性的ニーズと相手のそれとが合致しないならばなおさらです。もしあなたがそれ以外の介護者ならば話は別で、この問題はそれほど深く惑わされるものではないでしょう。当然ながら、性的な申し出に応じるのは最善の策とはいえません。しかし、あからさまに性的なことをしている人を無視したり、批判したりしても効果はありません。もっと建設的に対応するにはどうしたらいいのか、そのやり方についてのヒントをお教えしましょう。性はとても複雑なもので、明らかな性的衝動のほかに、親しさ、温かな愛情、男らしさや女らしさ、受け入れられること、身体的接触、生きている実感を求める気持ちが含まれているのです。性的衝動には応えられなくても、介護者としてこれらの望みのうちいくつかに対応することはできるでしょう。

　　女性のケアワーカーが、ポールの着替えを手伝っていました。彼は彼女をベッドに押し倒そうとし、性的に彼女を求めていると言いました。彼女はきっぱりと、けれどもとてもやさしくこう言いました。「ポール、わたしはそうしたくないの。でも、一緒にダンスをしましょうよ。さあ、着替えましょう」。そして彼が着替えると部屋で一緒にダンスをし、腕を組んで朝食に行きました。ポールはとても幸せそうでした。誰もが彼女のように対応できるわけではありませんが、これが彼女のやり方なのです。

ときには、まわりに人がいるのに自分の性器を触ったり、自分に性的な刺激を与え始めたりする人がいます。ここでもやはり、根底にある望みを認識しましょう。公衆の面前でそういう行動をさせないようにしながらも、やさしく理解を示してあげてください。ほかの「問題行動」の場合と同様に、これもまた外からの刺激がないなかで、生きていることを実感しようとしているだけかもしれないのですから。

　わたしたちはときに、性的な行動を目にして誤ったメッセージを受け取ってしまいます。

 ────────────────────────────

　　モイラは自分のスカートをめくり上げてしまうという「ハプニング」を起こしました。実際には、彼女は肩が寒かっただけなので、カーディガンをもらうとスカートをめくりあげることはしなくなりました。

　　ハリーはチャックを降ろしてパンツの前をいじり始めました。彼は見せびらかそうとしていたわけではなく、急いでトイレに行こうとしていたのです。

 ────────────────────────────

　介護者として、わたしたちは自分の性的衝動と同様に、介護される人の性的衝動についてもまったく自然なものとして受け入れる必要があります。性はわたしたち人間の一部ですし、人間らしさのほぼすべての側面と結びついています。わたしたちはみな性的な存在です。わたしたちが生き

る知恵のひとつは、自分の、そしてほかの人の性的な望みに、賢くそして理解をもって対処することでしょう。

## 7．妄想・幻覚・非難

　妄想とは、たとえば成人した子どもがまだ小さいと思っていたり、ずっと前に亡くなった親がまだ生きていると思っているように、事実ではないことを信じることです。幻覚とは、たとえばカーテンが炎につつまれているなど、実在しないものを見たり聞いたり感じたりすることです。妄想と幻覚には、認知症以外にも多くの原因が考えられます。たとえば、感染症や薬の多用、脱水症状、長期にわたる多量の飲酒の後遺症などです。原因の解明には、医師に相談するといいでしょう。

　本当に認知症のせいで生じる妄想や幻覚の場合、必要なのは治療よりも理解です。心を開いていれば、そこにある意味を読み取ることができます。もしあなたが介護する人にこのような症状が出ているならば、その経験が本物ではないと言うことは無意味です。かといって、あなた自身もまったく同じものを信じたり見たりしているふりをする必要もありません。注意深く耳を傾け、伝わってくる感情をつかむようにしましょう。相手はもしかしたら、特別な言葉でその希望や不安、喜びや痛みをあなたに伝えようとしているかもしれないのです。

　ですから、あなたが介護する人の「現実」を、たとえそれがあなたの現実とは違っていても尊重してください。もしあなたが相手を自分の現実に引き込もうと躍起になっているとしたら、どうしてそうしているのか自分

に尋ねてください。単に自分の不快感を取り除こうとしているのでしょうか？　自分の権威を保とうとしているのでしょうか？　あなたのしていることが本当に相手の幸せのためになるなど、意味があるならばかまいませんが、もしそうでないならばリラックスしてそのままにしましょう。いずれにしても、**相手をいつもありのままに受け入れ、尊重してください**。

　エドナの夫は10年前に亡くなっていますが、彼女はまるで彼がまだそこにいるかのように話しかけます。もしかしたら彼女は、彼が生きていたときのように連れ合いと安心感を求めているのかもしれません。

　混乱している人はときに激しい非難をします。攻撃されたとか、もしかしたらあなたが何かを盗ったとか、強盗が押し入ってきているのにあなたが止めようとしないなどと言うかもしれません。彼らの記憶が衰え、根深い不安を抱えていることを考えれば、このような非難や疑いには往々にしてはっきりとした意味があります。

マーガレットはときどき庭を見て、木のなかに怒った怖い顔を見つけます。こんなとき、夫は「正そうと」はしません。彼女が怖がっていること、そして彼女にはその顔が本物に見えることがわかっているので、彼女の手をとるか、やさしく抱きしめてあげて、室内で一緒にいるから安全なのだと思い出させるようにします。

**問題ではなく、その人に目を向けよう**

　いわゆる「問題行動」について最後にもうひとつ述べておきましょう。介護者はよく、ひどく混乱した人の行動を矯正して問題が頻繁に起こらないようにしようとします。この考え方は一般的に見受けられますが、問題行動にばかり焦点をあてないようにしてください。何よりも、批判したり非難したりしないでください。もしそうすれば、気づかずに問題行動を助長してしまうことになるかもしれません。**問題ではなくその人に目を向けて、簡単に望みを満たせる方法を探してみてください**。魔法の答えや特別なイロハはありませんし、解決せずに残る問題もあるでしょう。ですが、あなたの**全体的なアプローチ**が問題に焦点をあてたものではなく、その人に焦点をあてた（パーソンセンタードな）ものなら、あなたが介護をする人も、そしてあなたも今よりずっと幸せになれるでしょう。

## 第8章
# 薬とはどうつき合えばいいの？

　介護される人の具合が悪くてどうにもしてあげられないときは通常、医師に頼ります。ちょうどぴったりの薬があって、すぐに効果が出るときもあります。しかし、14ページにある脳損傷のいずれか、もしくは両方に関連する本当の認知症の場合には、本当に効く薬はまだ見つかっていません。脳細胞の損失過程を遅らせたり、脳細胞の働きの効率を上げる可能性のある薬が治験中ですが、奇跡の薬の登場にはまだ長い時間がかかるでしょう。もしかしたら、そんな薬はないかもしれません。**現段階では、本当に役に立つのは人の力です。本当にその人に合ったケアをすることです。**

　実際に、今では多くの医師が気づいているように、薬が問題の一部である場合があります。よくあることですが、お年寄りは多くの種類の薬を飲みすぎていたり、用量を誤ったりします。新しい処方箋をもらって、ときどきほかの薬を加えてそのまま何年も飲み続けている人もいます。彼らの身体、そして脳が薬に過剰に反応しているのかもしれません。たとえば、睡眠薬は最初のうちは有効ですが、次第に体内に蓄積されて混乱を引き起

こすかもしれません。お年寄りのなかには、何年も飲み続けている人がいます。ですから、お年寄りを専門にしている医師は、新しい患者に対して必須でない薬をしばらくの間すべてやめさせることがあります。そして実際の患者の状態を見てから、再度治療を開始するのです。お年寄りの身体から薬の影響がなくなるまでにしばらくかかるので、この全過程には何週間、または何か月もかかります。同様に、お年寄りに混乱の兆候があれば、悪影響を及ぼしているのが薬かもしれないと考え、すべての薬を最小限に減らす医師もいます。混乱した人たちの介護にあたる専門家の大半は、現在では脳に影響する薬の使用を最小限に抑えようとします。

　マシューは病院にいたとき、暴力的で本当の認知症でした。彼は嫌われ、恐れられていました。彼は３種類の安定剤を大量に服用していました。また、男性の性欲を低下させる薬も与えられていました。それから彼は施設に入りましたが、そこでの方針は薬を最小限に抑えることでした。医師の指導に従い、６か月以上、マシューは４種類の薬をすべてやめました。彼にはひどい禁断症状が出て、すごく興奮することがありました。また、ひどい幻覚にも苦しみましたが、ケアスタッフはその間ずっと彼を支えました。最後に薬の影響がやっとなくなると、彼はホームでの生活に落ち着きました。彼は、混乱することも多いけれどもしっかりしていて精力的なお年寄りになり、安心させてもらうことをすごく必要としました。スタッフは彼のことがとても好きになりました。

動揺や攻撃、その他これまで見てきたような「問題行動」を減らすために精神安定剤が使われることがあります。残念ながら、今のところはこの種の薬を処方してケアワーカーが休めるようにするという安易な方法があるのです。こうしてある意味では相手を「扱いやすく」しているわけですが、問題はそうすることで人間らしさを奪っていることです。自宅であれケア施設であれ、問題行動がひどくて扱えないとなったら何らかの対応が必要です。ケア実践が不適切なのかもしれませんし、監督を増やす必要があるのかもしれません。場合によっては違うケアを試してみるかもしれませんが、それを支持、反対する理由は慎重に検討する必要があるでしょう。安定剤はあくまでも「最後の手段」です。

　抗うつ剤となると、話は別です。特定の場合には、使うことにそれだけの理由があります。混乱した人の多くは、うつ状態にもあります。彼らが経験しなければならなかった喪失や人生の変化を考えれば、無理もないことです。ときにはうつ状態があまりにひどく、長く続くので、いずれにしても短期的には薬の使用が最善の解決策となります。うつ状態が解消されると、混乱も軽くなることがよくあります。ですが、抗うつ剤をすべての問題を解決してくれる万能薬のようには思わないでください。**ただ人とのふれあいをもったり理解されるだけでも、うつ状態にはとても効果があるのです。おまけに、この方法にはまったく副作用がないのですから！**

　気分や行動を修正する薬を使用する場合には、その効果を定期的に、慎重に観察するべきです。意図した効果が出ているのかどうかを確認することは重要です。これは単に医師だけの責任ではありません。医師はほんの

短い時間しかいられませんが、あなたは毎日何が起きているかについて医師よりもずっとよく知っているのですから、介護者であるあなたの責任でもあるのです。どんな薬が使われ、どんな効果があるはずなのかを知っておくに越したことはありません。特に、可能性のある副作用について情報を入手し、気をつけておいてください。薬の影響から受ける印象を判断するために、医学的な訓練を積む必要はありません。よい影響と悪い影響の両方を常に把握しておけば、薬を出す決定をする人にとっては大変役立つのです。**医師は薬については専門家**かもしれませんが、**あなたが介護する人については、あなたこそが専門家**なのです。

## 第9章
# その人に合ったケアを計画しよう！

> **ケアワーカーの方へ**

　本当にその人に合ったケアをするためには、わたしたちは担当する一人ひとりについて詳しく知り、どのように介護するかをはっきりさせる必要があります。この点については、第2章で全体的に見てきました。どのようなグループケアにおいても、一人ひとりがかけがえのない存在なのだという感覚はつい忘れがちになってしまうので、もっと体系化して行うことが特に大切です。

　あなたがもし体系化されたケア環境で働いているなら、すでに記録をとったり、記述されたアセスメントやケアプランを話し合ったことがあるでしょう。この章を読むことで、どのようにして現在のやり方を改善していくかのヒントが見つかるでしょう。あなたがもし小規模な、または体系だっていない環境で介護をしているなら、個々のアセスメントとプラン作成という考えは、あなたや一緒に働

く仲間にとって目新しいものかもしれません。もしそうならば、手はじめにあなたと職場の仲間で簡単でもきちんとした手法を作ってみると、そのありがたみがすぐにわかります。それは単に不要な事務処理やミーティングの時間が増えるというものではなく、自分のしているケアや、どうしてそうしているのかについてよく考える大事な機会なのです。また、どうすればよりよいケアができるかについてもわかってくるでしょう。

 ────────────────────────────

　フォーサイス・ストリート・デイサービスでは通常、ビンゴや歌などの日々のグループ活動をスタッフがいくつかまとめていました。それに参加したくない人は、ただまわりに座って時間を過ごしていました。そこで、簡単なケアプランを作ってみたところ、参加者の一人ひとりが個人としてもっとはっきりと際立つようになり、スタッフももっとその人に合ったやり方でケアができるようになりました。スタッフを増やすことなく、もっとさまざまな活動ができるようになりました。

 ────────────────────────────

　プランをきちんと立てる場合でも、ざっくばらんにやる場合でも、ケアチーム全員が関わることが大切です。直接の介護者、専門家、施設長、家族、そしてもちろん、可能であれば介護をされる当人も。場合によっては、清掃担当者や食事担当者といったサポートスタッフもこの過程に貢献できるかもしれません。どのようなやり方をと

る場合であっても、記録をとり、情報がチーム全員で共有できるようにすることが大切です。

　セントルーク老人保健施設のケアプランはいつも上級看護師が作成していて、身体的な問題と記憶の問題に完全に焦点をあてたものでした。そこで新しい方針として、直接担当するケアワーカー、アクティビティのためのスタッフ、家族介護者の全員がケアプラン作成に参加しました。すぐにホームの雰囲気が生きいきとし、入居者の個性が際立ってきたことに皆が気づきました。

　この全過程になくてはならない要素は**アセスメント**と**ケアプラン**、**モニタリング**と**再アセスメント**です。ひとつずつ詳しく見ていきましょう。

　個々のアセスメントでは、その人全体を見ていく必要があります。その人の弱いところや不自由なところを一つひとつあげていくのと同様に、強みやできることを特定していきましょう。アセスメントはたいていの場合、その人の「スナップ写真」を言葉で表したようなものですから、言い回しはものすごく重要です。正確に、そして否定的な言葉よりはできるだけ前向きな言葉を使うようにしてください。たとえば、100ページと101ページの簡単な入所時のアセスメントとケアプランを見てください。

最初の**アセスメント**と2番目のアセスメントで、スミスさんについて受ける印象がずいぶんと違うことがおわかりでしょう。

　**ケアプラン**は、介護者がニーズを特定し、実行可能な目標を立ててそれをどう達成するかの指針を示すのに使います。アセスメントの場合と同様に、前向きな調子で、その人に焦点をあてた（パーソンセンタードな）ものであることが大切です。人の常として、もっとも厄介な目につく問題にばかり注意を向けがちですが、できるだけ介護をする相手の立場に立ってニーズを理解するべきでしょう。また、ニーズについて考えるときは、問題にばかり焦点をあてるのはやめましょう。個々の強みや興味、嗜好もまたニーズとして捉えるべきもので、一人ひとりがあらゆる方法で前向きな助けを必要としているのです。ケアプラン作成にあたっては、アセスメントと生活史が役立ちます。

　パーシーがはじめてデイサービスにやってきたとき、彼の病院のアセスメント記録には耳が遠いことや記憶力の低下、見当識障害といった障害についての記述しかありませんでした。スタッフは何か月もボードゲームやクラブ活動に誘ってみましたが、彼は退屈して気乗りがしないようでした。けれども次第に、彼はビリヤードができることや動物好きなこと、社交ダンスに熱心だったことがわかってきました。彼の興味のあることがわかってそれに対応できるようになると、彼は俄然関心を示すようになり、明らかにデイサービスでの1日を楽しむようになりました。

ニーズが特定できたら、それをはっきりとした計画や行動に置き換えてみましょう。各ニーズについて、目標を決めると役立つでしょう。はっきりとした、直接的な言葉で目標を表現してみましょう。目標は現実的なものにしてください。たとえば、「記憶力をよくする」ことが無理だとわかっているのに、これを目標にするのでは意味がありません。しかし、「寝室とトイレの場所がわかるようになる」というのなら、達成できる目標かもしれません。長期的な目標と短期的な目標を分けるのもいいでしょう。目標が合意されたら、達成する方法を考えるには通常、ちょっとした創造的なブレインストーミングをするといいでしょう。そこでは何を、いつ、誰がしなければいけないのかを具体的にする必要があります。たいていの場合、「スタッフによる継続的な支援」というようなあいまいな言葉はケアプランにはほとんど役に立ちません。このような一般化はだめなのです。

　次ページのスミスさんのケアプランからの抜粋部分を比べてみましょう。

## 入所時のアセスメントとケアプラン

### アセスメント1

レナ・スミスさんは物静かで、だいたいいつも上機嫌です。関節炎がある以外は健康状態もとても良好で、建物の中を歩くのを楽しんでいるようです。混乱してはいますが、親しい人たちを認識できますし、長期記憶もよいです。自分なりのやり方があるので、ゆっくりとですが確実に新しい環境になじんできていて、ルームメイトともよい関係を築いています。スミスさんは現在、1対1その他の静かな社会活動を好んでいます。

### ケアプラン1より

ニーズ：ホームに来たばかりで、自分はここの人ではないと言っている。

目　標：ほかの2、3名の入居者と意味のある関係を築くこと。

計　画：毎週の歌の時間の代わりに、ルームメイトともうひとりスミスさんと気の合いそうな入居者と一緒に午後の外のお散歩を提案する。最初の1か月はスタッフが付き添う。

目　標：もっとなじみやすい環境にする。

計　画：1. 来週までにケアリーダーがスミスさんと娘さんをミーティングに誘って、どのようにして寝室を自分らしく居心地よくするか相談する。
2. スミスさんは言葉よりも写真によく反応する。週末までに、主担当のケアワーカーが寝室のドアに写真を飾るよう彼女にうながす。
3. きょうだいが次回訪問する際に、スミスさんの以前の家の写真があるかどうか尋ねる。

## アセスメント2

　レナ・スミスは混乱していて徘徊癖があり、時間と場所の認識に欠けていて短期記憶もすごく乏しいです。関節炎のことでよく愚痴をこぼします。まだ新しい環境になじめませんが、環境の変化に適応するのにいつも問題があるようなので驚くにはあたりません。グループ活動は苦手で、大きなグループでの活動になると叫んだり泣いたりするため、ほかの入居者の邪魔になり、皆の気分を害しています。

## ケアプラン2より

問　題：ホームに来たばかりで、自分はここの人間ではないと言っている。
計　画：ここが今の彼女の新しい家なのだと思い出させ、継続的に支援し、励ます。ドアに彼女の名前を貼る。
問　題：グループ活動の邪魔をする。
計　画：歌の時間には離れた場所に座らせて邪魔をさせないようにする。
問　題：寝室がよそよそしい感じがする。家族が寝室に何も持ち物を持ってきていない。
計　画：陽気に見えるようにカラフルな壁紙を貼る。

ケアプラン1では、目標やスミスさんについての個人的な情報を用いて、問題に焦点をあてるのではなく、その人を中心にした（パーソンセンタードな）プランになっていることがおわかりでしょう。また、日付や担当スタッフも示しているので、実行性が高くなっています。

　**モニタリング**とは、あなたが介護している人はどんな調子か、そして特に、あなたのケアにどう反応しているかを記録する方法です。やることが多いと、プラン作成のための話し合いからまた次の話し合いへと流れていくばかりで、一人ひとりがどんな調子かをあまり考えなくなってしまいがちです。ここで問題なのは、わたしたちの記憶にも限界があるので、時間がたつとアイデアや洞察が失われてしまう場合があることです。定期的にモニタリングすることで、このような事態を防ぐことができます。単に、関係するメモを毎日、または定期的に記録帳に書き留めたり、または短時間のケア会議でノートをとるようにすれば十分でしょう。もうひとつ、モニタリングについてのアイデアが123－125ページにあります。

　**再アセスメント**はケアプラン作成サイクルの最後の要素ですが、わたしたちが介護する人が変化するにつれてアセスメントもプラン作成も継続していく必要がありますから、これですべてが完結するというわけではありません。ここでは、すべての進捗を評価し、や

り方の変更が必要かどうか気を配り、新しいニーズを持ち出します。やってみたことがうまくいかなかったという事態は避けられないでしょう。ですが、その過程を通じて介護される人という個人について、またはケアの本質について何かを学んだことは間違いありませんから、たとえうまくいかなくても失敗というわけではないのです。

　ケアプランとアセスメントによって、重い負担にもかかわらず本当にその人に合ったケアができるようになりますが、それだけにとどまりません。このようなケアの仕方は、専門家であるわたしたちにとっては大いにやり甲斐があります。豊富な経験をよりよく活かし、より創造的に臨機応変に対応することができます。また、介護者とほかのチームメンバーのコミュニケーションと理解を助けるものでもあります。そしておそらく最もやり甲斐を感じられるのは、介護される人の生活にもたらしている違いが記録をとることで一目瞭然となることです。

# 第10章
# 施設に入るときに気をつけてほしいこと

　知力が衰えつつある人を含め、たいていの人は自宅か親しい家族の家で余生を過ごしますが、その他の選択肢を検討しなければいけないときが来る人もいるでしょう。親しい人を施設に入れるという決断はとても難しいものです。多くの人にとって、それはこれまでに直面した最もつらい決断でしょう。

　虚弱なお年寄りを介護する人たちはたいてい、身体的な必要性に基づいて決断をします。おそらく力仕事や専門の看護が必要で、介護技術のない介護者が自宅ではできないのです。しかし、身体的には健康だけれども知的に混乱した人を施設に入れる場合、その決断はそう単純ではありません。なぜなら、施設に入れるのは介護者の必要性によるところが大きいかもしれないからです。いつも睡眠を妨げられたり、いわゆる「問題行動」があったり、24時間ずっと目を離せないというのはあんまりでしょう。これらの負担は介護者、

または介護者の家族におそらく心理的にも物理的にも大きな苦痛を強いていることでしょう。

　自宅での介護が続けられるように、家族介護者を支援するための一層の努力がなされていますが、必要なものを埋めるにはこれらのサービスは断片的だったり、不十分だったりします。混乱した人の望みをすべて満たすということは、ときには介護者自身の望みをひどく無視することになってしまいます。もしあなたがそんな状況にいたら、**自分自身とあなたが介護する人にどうぞ正直になってください。あなたは罪悪感を覚えるかもしれませんが、あなたの望みも決断の際に考慮しなければ、罪悪感はかえってひどくなってしまう**のです。

 ───────────────────────

　ブリッグスさんは自宅で夫の介護をとてもよくしていましたが、夫が転倒して腰の骨を折り、退院してから事態は困難になりました。しばらくの間、彼はぼんやりして混乱していました。ふたりの息子は父親に家にいてもらいたがりましたが、ふたりとも実質的にはあまり役に立ちませんでした。ブリッグスさんは良心の呵責にさいなまれましたが、自宅での介護をこれ以上続けられないから、あきらめなければいけないと家族に訴えました。そして、自宅から遠くないところにご主人のための老人ホームをみつけました。

 ───────────────────────

## 老人ホームを選ぼう

　施設に間もなく入る必要があるのならば、事前に計画しておくといいでしょう。たいていの場合、この問題はとても難しく痛みを伴うものなので、まったく手に負えなくなってしまうまで家族は検討を先送りにしがちです。しかし、そのときには選択肢を吟味するのに必要な時間がもっと限られてしまうので、これはいい考えとはいえません。混乱した人とその介護者に提供されるすべてのサービスがそうであるように、**最もよい戦略は、利用できるものについて必要になる前にできる限り学んでおくことです。そして、サービスを利用することが理にかなうとなったときにはじめてサービスを利用するのです。**

　施設のケアの仕組みについてよく知らなければ、その多様さを知って驚かれるかもしれません。ケアのレベルも、ケアのシステムも実にさまざまです。同じカテゴリーに属する老人ホームであっても、中に足を踏み入れてみると大きな違いがあるものです。

## 訪問を計画しよう

　施設への入所を検討するなら、実際に見に行きましょう。あなたが介護する人にとってその施設がふさわしいかどうかは、そうする

ことでしかわからないものなのです。

　選択にあたって検討することがたくさんあります。訪問の際は以下にあげるようなチェックリストを持っていくと役立つでしょう。同様のリストをまとめている団体もあるので、必要であれば巻末のリスト（159ページ）で問い合わせてみましょう。見学のときには、たくさん質問をしてノートをとるようにしましょう。よい施設のスタッフならばあなたがそうするようにうながしてくれるでしょうし、あなたの心配事をすべて話し合うために時間をとってくれるでしょう。見学の際にする質問や、気をつけることについての提案を以下に示しました。第7章も参照してください。

● あなたやまわりの人が好きなだけ訪問できるような近いところにありますか？

● 全体的に見た目は明るく、気持ちよくて家庭的ですか？　特別美しいとか現代的だということは特に重要なことではありません。まるで病院や博物館のようなところは避けてください。空間は創造的に使われていますか？　それとも椅子を壁に沿って並べてあるだけですか？　特に頻繁に動き回る人がいる場合、動き回る余地がありますか？　感じのよい庭や腰かける場所があれば理想的ですが、そのような安全な場所が外にありますか？

マックさんは母親のための老人ホームを探していました。認知症ケアを専門にするデール・ビューを訪問した際、彼女はその外見が気に入りませんでした。そして彼女は母親のためにキャッスル・リッジというところを見つけました。そこはきれいな家具が備え付けられて美しく飾られていたものの、混乱した人への本当の理解に欠けていました。4か月後、問題行動のために母親を引き取るようにとマックさんは言われました。そこでマックさんは母親をデール・ビューに入れることしたのですが、そこで母親はまもなく落ち着き、入居者ともスタッフとも仲良くなりました。

● 居室はよそよそしい感じですか？　それともその人らしい空間ですか？　写真やその他の思い出の品が飾られていますか？　個人の家具を使うことが許されていますか？　それぞれの部屋にトイレと流しがありますか？　一般には相部屋よりも個人部屋がいいのですが、いつも利用できるとは限りません。

● 入居者はしっかりしていてくつろいでいますか？　笑顔や笑い声、親しみのこもったやりとりが見られますか？　入居者がただじっと座って空を見て、無関心でいるような場所は避けましょう。また、騒々しく、悩みや心配事の気配が感じられるようなところも避けましょう。活動や交流をしているところ以外は、

共通の部屋は比較的静かであるべきです。

● 混乱した入居者の割合はどれくらいでしょう？　あなたの家族の混乱の程度と同程度の入居者はいますか？　専門の施設がいいのか、それとも混乱した人と混乱していない人の両方がいる施設がいいのかについては意見が大きく分かれるところです。分けることはレッテルを貼ることになってしまうし、混乱している人は混乱していない人から恩恵を受けられると感じる人もいます。しかし、知力がしっかりした入居者はたいていの場合、知力が衰えている入居者に我慢ができないのです。どちらの説も説得力がありますが、これが「正しい」方法だというものはありません。あなたが介護する人にとって何が最善なのかをご自身で判断してください。

● 入居者の身なりは整っていますか？　洋服や髪型にきちんと気が遣われていますか？　手入れをしてくれる美容師がいますか？

● 入居者にはどの程度選択の自由がありますか？　メニューは選べますか？　自分でお茶を入れたりお水を飲んだりするのに、入居者が利用できるちょっとした台所がありますか？　入居者はどうしてほしいか希望を聞いてもらえますか？　それとも単に何かをしてもらうだけですか？

●さまざまな活動プログラムがありますか？　定期的な活動と、パーティやバーベキュー、エンターテインメントの夜などの特別なイベントの両方がありますか？　実際よりももっと定期的に活動をしているかのようにほのめかすところもあるので、現実的に把握するためにその週にどんな活動があったのか、そして前回の特別なイベントは具体的にいつだったのかを尋ねましょう。

●入居者は地域社会とどの程度つながっていますか？　近くに喫茶店や公園、お店などがありますか？　入居者はどの程度頻繁に通っていますか？　訪問や楽しませたり、サービスを提供するために施設に来る地域の人がいますか？

●宗教的な望みがある場合に満たしてもらえますか？　入居者を外出させるための車がありますか？

●スタッフのレベルはどうですか？　妥当かどうかの判断は難しいかもしれませんが、聞いてみてください。標準的な公式があるわけではありませんが、その人に合ったケアができるように昼夜十分な数のスタッフがいるべきですし、通常のスタッフが不在の際には代わりのスタッフを呼ぶべきです。

●スタッフの研修のための継続的なプログラムがありますか？　認知症を抱えている人とそうでない人の混合のケア施設であっても、スタッフは認知症を抱える人のケアのための研修を受けるべきです。

●日課はどの程度融通がきく、または厳格なものですか？　皆決まった時間に起床、就寝しますか？　お風呂に選択の余地はありますか？　拒否した場合の対応はどうでしょう？　よくある一日を説明してもらいましょう。

## 新しい環境に落ち着こう

　新しい場所に慣れるには、とても時間がかかります。まわりのものが見慣れてくるまでの時間。人をよく知るための時間。帰属意識ができるまでの時間。誰でもそうであるように、認知症を抱える人もおそらく最初は新しい環境で心配で困っているでしょう。通常わたしたちは、知的能力に頼って新しい状況に適応していきますが、認知症を抱える人の場合はそうはいきません。ですから、ゆっくりと慣れていくことを期待しましょう。ただし、気持ちの準備をすることで、適応しやすくできるでしょう。

　家族が施設に入る前に、これから起きることの心の準備をしてもらうのが最初の一歩です。その人がたとえ理解することはできないと思われても、施設に入ることを正直に話し合ってください。相手

の心配事に耳を傾け、対応してください。安心させ、支えてください。どんな方法でもその人が関われるようにしてください。たとえば、荷物をまとめるのを手伝い、どの持ち物、家具などを持っていきたいか本人が選べるようにしてください。デイサービスやショートステイで事前にその施設に行ったことがあれば、入所するのも容易になるでしょう。それが無理な場合は、本人が事前に訪問できるようにしてください。

　家族が施設に入ったら、入所した家族だけでなくあなたにも、慣れるための支えが必要です。あなたたちどちらもが、喪失感と変化に対処しなければいけません。できることなら、最初のうちは頻繁に訪問するのがいいでしょう。そうすればあなたに見捨てられたわけではないのだと相手も理解できるでしょうし、もしあなたが罪悪感や不安を抱えているなら、あなたもまだ見捨てたわけではないことを確認できるでしょう。スタッフのどんな質問に対してもあなたがすぐに答えられれば、もっとその人に合ったケアをすぐにできるようになるでしょうし、その結果としてあなたの気分も晴れるでしょう。時間がたつにつれてあなたの訪問の回数は減るかもしれませんが、定期的に訪問するようにしてください。

ラッセルさんはデイサービスに2年間通っていましたが、夫が彼女にはショートステイが必要だと判断しました。ラッセルさんのデイサービスへの参加について、スタッフはケアプランを用意していましたが、彼女のショートステイのケアプラン作成にあたっては夫に関わってもらうように気を配りました。おかげで彼女の日課について、役立つ細かいことをたくさん教えてもらうことができました。たとえば、彼女は寝る前にホットドリンクを飲むのが好きなこと、朝食は食べたことがないことなどです。ラッセルさんはショートステイにすぐになじんで、夫はまたやっていこうと自信をもちました。

　老人ホームや病院を訪問すると落ち着かない気持ちになるという人は多いものです。自分がもろい存在だという人生の困難な事実に向き合いたくないという気持ちが根底にあるのでしょう。スタッフやほかの入居者、訪問家族と施設内での関係づくりをすることで不安を克服できる場合もあります。入居者と個人として関わることで、まわりの人に頼らざるを得ない状況で対応していくしかない彼らの困難の裏側にあるものが見えてきます。

　ときには相手があなたのことを誰だかわからないことがありますが、これを受け入れるには痛みが伴います。もう訪ねていくことには意味がないと思うかもしれません。ですが、**たとえ相手があなたのことを誰だかわからなくなったり、名前を忘れてしまっても、あ**

**なたが自分にとって特別な人だということはわかっているのです。たとえあなたにそうと伝えることができなくても、あなたが訪ねてきてくれることは相手の心の奥に響くものなのです。**

　ジョージとメイの結婚生活は 57 年にもおよび、うまくいくときもいかないときもありましたが、やさしくロマンティックな関係は残っていました。メイの物忘れがひどくなったとき、ジョージが彼女の介護をしましたが、彼はとても疲れて不機嫌になり、腰の痛みに耐えられなくなりました。そこで、メイのために施設を探して入所させました。ジョージは定期的に訪問しましたが、メイは彼を名前で呼ぶことはありませんでしたし、彼が誰かもわかっていないようでした。しかし、ふたりは 20 代の頃におそらくしていたように、1 時間ほど手に手をとって一緒に静かに腰かけていました。ふたりとも心の平安を見つけたようでした。

その人のケアに積極的に関わり続けるようにしてください。たいていの場合、よい施設のスタッフはあなたがそうすることをうながし、喜んでくれるでしょうが、そうでない場合はあなたが少し自己主張をする必要があるかもしれません。質問や提案をして、どんな心配事でもすべて話し合ってください。できる限りその人に合ったケアをするためには、あなた自身を含むすべての介護者のチームとしての取り組みが求められるのです。

　あなたと相手との関係はここ数年とても難しくなっていたかもしれませんし、ずっと以前からそうだったかもしれません。しかし、日々の介護という負担がなければ、関係を改善することが可能だとわかるでしょう。

　そして最後に、あなたが介護をしていた人と以前に一緒に住んでいたなら、悲しみの気持ちを克服していかないといけないでしょうが、これについては第14章で詳しく見ていきましょう。

# 第11章
# わたしたちが望める最善のこと
# ～「12の希望のしるし」～

　知力が衰えつつある人と親しい関係にあると、まわりのすべてが変わっていくように感じることでしょう。以前とは何もかもが変わってしまい、よく知っていたはずの相手は、わたしたちの手からすり抜けていくかのようです。一緒にできることはどんどん少なくなり、負担はますます重くなり、悪いほうへ変わっていくように思えるかもしれません。家族介護者としてのあなたの必要性は差し迫っていて、おそらくあなたは、この先いったいどうなるのかしらと思っていることでしょう。あなたが介護する人について思うとき、あなたが望める最善のことは何でしょうか？

　その人にとっては、常につきまとい、そしておそらく増大する混乱と共に暮らすのですから、生きていくのがものすごく困難に違いありません。その理由については、本書の多くの箇所で探ってきました。旧知の相手のこともわからなくなってしまうときがくるかもしれません。あなたのことですら、よく知っている人だとはわかっても、誰だかわからなくなるかもしれません。これらの問題は人生を破滅に終わらせるように思えるかもし

れませんが、悲劇にしてしまう必要はないのです。もし、あなたが介護する人が十分に安心していられて、**心配事もなく、愛され、価値を認められ**ていればいいのです。それでも失ったものを受け入れるのはつらいでしょうが、失ったものは実はそれほど問題ではないのです。わたしたちは介護者として相手の苦しみをすべて取り去ることはできないでしょうが、それを一定の範囲内に抑えることはできるでしょう。実際、当然のことながら苦しみのない人生というものはありません。わたしたちは、心から愛する人でさえも、つらいことから守ってあげたいと願うほどには守ってあげられないものなのです。混乱している人の私的な「現実」は、わたしたちの現実からどんどん遠くなってしまうので、現実を共有することはあまりできませんが、彼らの現実に満足感と安らぎを与えることはできるでしょう。混乱している人のなかには、実際に以前よりも遊び心が出て気楽になった人もいます。強い信仰心をもっていた人のなかには、依然としてとても深いレベルで神さまの愛を感じている人もいます。

　そうだとすれば、わたしたちが望める最善のことは、介護される人が自分の混乱した状態を「リラックスして」受け入れて、安心して支えられていると感じられ、自分の望みがかなえてもらえると思えるようにすることでしょう。そうして亡くなるときがきたら、その人は安らかに、そして心穏やかに眠りにつくことができるでしょう。

　スタニランドさんの混乱の早期の段階では、夫は彼女が治るというはかない希望をひそかに抱いて、可能性のある医療革新のニュースに熱心に耳を傾けました。その後、妻は決してよくならないと気づいたとき、彼は絶望してほとんど介護をやめてしまうところでしたが、とてもよいデイサービスの施設長のおかげで、妻が治ることはなくても寝たきり状態になることはないのだと気づきました。彼女はまだ彼のケアに反応することができましたし、その困難な人生のなかの何かを分かち合うことができました。

## うまくいっているしるし

　家族介護者でも、何らかの専門家でも、自分のやっていることがうまくいっているのかどうかを知りたいはずです。わたしたちが介護する人は多くの言葉で話してくれないかもしれませんし、わたしたちの努力をすべて当然と受け止めているように見えるかもしれません。ですが、知力の衰えつつある人が人として「うまくやっている」ことをはっきりと示すしるしがあるのです。これらのしるし、または少なくともそのうちのいくつかは、記憶やその他の頭脳の働きが低下してしまってもはっきりとわかるものなのです。

　そのような12の「うまくいっているしるし」をそれぞれ例と共に以下

にあげておきます。

## 1. 自分の意志や願いを主張できる

　メイは2種類の夕食のコースを両方とも食べ終え、肘かけ椅子に腰かけていました。両方のコースを食べたとは気づかずに、介護者は彼女にデザートを持っていって食べさせようとしました。メイは食べたくないと言いました。介護者は彼女をなだめようとしましたがメイは断り続け、介護者はあきらめました。後になって事実がわかりました。

## 2. 喜びと苦しみの両方の感情を表現できる

　デラは自宅にいるのですが、急にひどく困ってしまったように見えました。介護者が彼女の隣に座って身体に腕を回すとデラは自制がきかなくなり、悲しくなってすすり泣きました。介護者は静かに、辛抱強く彼女を抱きしめ続けました。15分ほどするとデラは落ち着きを取り戻し始め、まもなくすると日の光を浴びて散歩をしに出かけたがりました。

## 3. まわりの人とのふれあいを始める

　デイビッドが小さな犬のぬいぐるみを気に入っているのは明らかでした。彼は、交互歩行器を前にして座っている女性のところに行き、交互歩行器に自分の犬を置いて彼女の注意を引こうとしました。

## 4. 愛情深い

　ヘレンは大きな老人ホームに住んでいて、棟の間を足早に行ったり来たりします。誰かが彼女に「こんにちは」と声をかけると、彼女はいつでも立ち止まって相手の頬に親しみのこもったキスをし、それからまた歩き続けるのです。

## 5. まわりの人の必要なものや気持ちに敏感である

　ホームヘルパーのキャシーは、仕事の状況とはまったく関係のない理由で落ち込んでいました。彼女が来ると、アグネスは近くにきて顔を見ながらこう言いました。「あなた、今日はあまり元気がないのね」。キャシーは彼女の手を握って言いました。「少し悲しい気持ちなのよ、アグネス。でもわたしはここにいるわ」。アグネスはにっこりしてキャシーの手を握りました。どうやらアグネスにはわかったようでした。

## 6. 自尊心がある

　介護者が自宅の2階で掃除機をかけている間に、ハリエットは突然床に便をもらしてしまいました。彼女は汚れをカーディガンで拭き始めました。

## 7. ほかの混乱した人たちを受け入れる

　ローズは歩き回るのが好きで、老人ホームのまわりを足早に歩き回ります。彼女は、ゆったりしたペースで歩き回っていたケイトの手をとりました。ケイトは自分の歩くペースとずいぶん違うのにもかかわらず、しばら

くローズのペースで歩くのを受け入れました。

## 8. ユーモアを楽しむ

　デイサービスで、アーサーがノーマンに尋ねました。「今朝、奥さんにキスをしてきたかい？」。ノーマンはしばらく考えて「思い出せないな」と答えました。それからいたずらっぽく目を輝かせてこう付け足しました。「でも、もし忘れていたら、帰ってから大目玉だよ！」

## 9. 自己表現、創造性がある

　ピアノの伴奏つきで歌うセッションがありました。ピアニストは演奏に疲れてしまいました。ブライディーは立ち上がって、震える声ながらもほとんど完璧な調子で、とても感情をこめて古いアイルランドの歌を歌いました。終わりには涙が彼女の頬を伝っていました。

## 10. 喜びを示す

　アストンさんは娘と自宅で暮らしていて、デイサービスに通っています。朝、ミニバスがやってくるのを見ると、彼女はたいていうれしそうにニコニコします。そして家に帰ると、どこに行って何をしたかは説明できませんが、いつも上機嫌です。

## 11. リラックスできる

　ダニエルは身体を丸め、こわばらせて床に寝る癖があります。彼女の手

足は震え、顔はゆがんでいます。そこに、息子が帰ってきました。彼はやさしく彼女の手をとり、ソファに案内して一緒に座ろうと誘いました。すぐに彼女は落ち着いて、彼に寄り添いました。彼女の身体はリラックスし、表情も落ち着きました。

## 12. 手助けをする

　新しいボランティアのジョアンが居間に入ると、暖炉のまわりで女性グループがおしゃべりをしていました。いかめしい顔つきのパーカーさんは誰にも関心がない様子で、ひとりで2階と居間を行ったり来たりして歩き回っていました。ジョアンは女性グループに加わりましたが、近くに椅子がなかったので床に座りました。すると、パーカーさんが椅子からとったクッションを手にやってきて、何も言わずに彼女に手渡しました。

　ここで、よい状態とはその人の記憶や、料理のレシピをたどれるなどの能力に依存しているのではないことに注意してください。むしろ、これらのしるしがわたしたちに教えてくれるのは、その人の気持ちや内面の安心感、不安からの解放、満足できているかということです。それぞれのしるしは、彼らに少し余裕がある—つまり、自分の苦しみや絶望のなかに閉じこもっていないことを示しています。**これらは希望のしるしです。事態が改善するという希望ではなく、混乱を超えてその人が安全でよい状態にあるという希望です。**

エリスさんは家にいると攻撃的で機嫌が悪く、失禁をしてしまうこともよくありました。何をしても彼が満足することはないように思われて妻は困り果てていたのですが、NPOの運営するデイサービスに通い始めたところ、そこでは多くの活動や行事があり、エリスさんには新しくふたりの友だちができました。彼はどんなことをしたか思い出せませんでしたが、リラックスしてうれしそうにして帰ってくることがよくあり、失禁もしなくなりました。ある日、彼はとても久しぶりに妻にキスをしました。

## 見守っていく方法

　ここでは、あなたが介護する人の状態を週ごとに追っていく方法を紹介します。ある意味では、相手がその人らしくいられるように手助けできているかの参考となります。125ページのような表を作成して、ほかの記録と一緒につけるとよいでしょう。こうすることで、介護される人がどんな状態だったかの記録を積み重ねていけるでしょう。「自分の意志や願いを主張できる」という最初のしるしについて考えてみてください。先週、あなたの介護する人はこのしるしを頻繁に見せましたか？　ときどきですか？　それともまったく見せませんでしたか？　そう自分に尋ねてみてください。もし、「よく見せた」という答えなら、点数は2点です。「ときどき」なら、1点、「まったく見せなかった」なら0点です。これ以外のし

るしについても同様にし、点数を足して合計を求めてください。もし、その人がすべてのしるしを頻繁に見せていたなら、点数は2点×12＝24点になります。もし、反対に過去2週間その人がこれらのしるしのいずれも見せていなかったとしたら、点数は0点になるでしょう。これはとてもおおざっぱな参考に過ぎませんし、それぞれのしるしについて2点、1点、0点のいずれにするかを決めなければいけません。12点以上なら、ケアはとてもうまくいっているということです。その人の点数がとても低い場合は、現在の状況はよくないということです。変化と、そしてもっとその人に焦点をあてた（パーソンセンタードな）ケアが必要です。あなたが介護の大半をやっている家族なら、もっと支援が必要だということかもしれません。電話相談をしているところもありますので、159ページを参考にしてください。あなたひとりが自宅で介護を続けるには、今の負担が大きすぎると考えられます。

このような記録をつけていると、もっと注意深く物事を見ることができるようになります。また、**知力が衰えている人も、大いに人生のすばらしさを味わえる**ということがもっとよくわかってきます。

## 終わりに目を向ける

家族介護者として、最期まで自宅介護を続けることが可能かもしれません。しかし、さらなる助けが必要でしょうし、いっそう必要としていくことになるでしょう。または、家族が自宅にいることができず、施設への入

所が必要になるかもしれません。いずれにしても、よい状態のしるしのいくつかがその後もはっきりと表れてくれるように、当然ながら願うことができるでしょう。

| よい状態のしるし | 2月2日 | 2月9日 | 2月16日 | 2月23日 | 3月2日 |
|---|---|---|---|---|---|
| 1．主張 | 0 | 0 | 0 | 0 | 0 |
| 2．感情の幅 | 1 | 1 | 1 | 1 | 1 |
| 3．ふれあいを始める | 1 | 1 | 1 | 1 | 1 |
| 4．愛情 | 2 | 1 | 2 | 2 | 1 |
| 5．敏感さ | 0 | 1 | 1 | 1 | 1 |
| 6．自尊心 | 0 | 0 | 0 | 0 | 0 |
| 7．受容 | 2 | 2 | 1 | 1 | 2 |
| 8．ユーモア | 1 | 0 | 2 | 2 | 1 |
| 9．創造的表現 | 2 | 2 | 2 | 2 | 2 |
| 10．喜び | 1 | 2 | 2 | 2 | 2 |
| 11．リラックス | 0 | 0 | 1 | 2 | 1 |
| 12．手助け | 0 | 1 | 1 | 1 | 1 |
| 合　計 | 10 | 11 | 14 | 15 | 13 |

# 第12章
# 権利についてもっと知ろう

　最近では人権が話題にのぼることがよくありますが、「権利」という考えは単純なもので、単に人間であるということによって個人に与えられるものを意味します。イギリスのような国では法律によって支えられる権利はとても少ないのですが、アメリカのような国では市民の権利全般が法律によって支えられています。

　権利について考えることは、人がまわりから敬意をもって扱われ、そして特に、意志に反することを強制されないようにする手助けとなります。判断能力が不十分な人たちの権利のリストを以下にあげておきます。その一部は、施設のケアにおけるお年寄りの権利についてなされた提案に基づくものです。もしかしたら将来、このようなリストがすべての諸国で法律となる日が来るかもしれません。

● 個人として扱われ、自分の好みや嗜好を主張する機会をもつこと。
● 自分が選ぶ誰とでもつきあえること。今までの友だちや関係を維持で

きること。
- 自分自身や持ち物、することについてのプライバシーを守られること。
- 自分のケアプラン作成にできるだけ関わることができること。主な家族介護者も同様に関わることができること。
- 地域社会の施設やサービスについて説明してもらい、利用できること。
- ふさわしい娯楽活動を選択し、定期的に参加する機会を得ること。
- 質の高い医療と身体介護を受けること。
- 文化的、宗教的、性的な必要性を尊重されること。
- 苦情を言うことができ、それに適切に対応してもらうこと。また、代わりに苦情を言ってもらえること。
- 安全で安心でき、できるだけ家庭的な居住空間があること。
- 家族や友だちの善意につけ込まないような支援やケアを受けること。
- 生活の質を高めるための妥当なリスクを引き受けること。
- できるだけ自立すること。
- 自分のペースで物事をすること。
- ケアに際して身体拘束や薬物による拘束を受けないこと。
- これらの権利について情報の提供があること。家族にも同様に情報の提供があること。

これらの「権利」のなかには、たやすく守れるものもあります。おそらく、たいていの場合にそうとは意識せずに守っているでしょう。ほとんどの介護者にとって、介護される人をこのように扱おうとするのは自然なことで

す。入浴介助の際には、いつも相手に恥ずかしい思いをさせないように気遣ってきたことでしょう。医療的、物理的な必要性にいつも目を配ってきたことでしょう。しかし、なかにはあまり明確でなく、尊重するのが難しい権利があります。もっとも困難なのは、相手がもはや合理的な意思決定ができず、自分に権利があるということが理解されないときです。そんなときには、「わたしたちが守ってあげなければ」と思いがちです。介入して、相手の代わりに意思決定をしてあげたいと思うのですが、ときとしてそこには選択の余地がありません。おそらく、なかでももっともつらい意思決定は、行きたくないといっているのに施設に入れるときでしょう。ここで大切なのは、家族を含めまわりの人にも権利があるということです。

マーティンはお金のことで問題がありました。彼は小切手帳をなくしてしまいがちで、請求書の支払いもよく忘れました。集金業者から電話がかかってくるようになり、事態はますます困難になりました。そこで娘が引きとることにしたのですが、それ以上の問題を避けるために、お金に関することはすべて娘が代わりにやったのです。彼が買い物は問題なくできたのにもかかわらず、買い物まで娘がやりました。こうして少しずつ、彼に代わって娘がすべての意思決定をするようになりました。それが彼のためにいちばんいいのだと彼女は言いました。娘が善意でやったのは明らかです。しかし、マーティンの自立する権利と個人の選択の権利は少しずつ侵害されていき、このためにマーティンもまた自分のなかの何かを失ったのです。

　しかし、知力が衰え始めている人は、まるでどんな意思決定もできないかのようにまわりに扱われてしまうことがあります。もしそうであれば、彼らの権利をきちんと尊重できていないということです。
　ですから、相手が自分で意思決定ができるのかどうかを慎重に検討するべきですし、その能力は時間の経過と共に変わっていくので、見守っていく必要があります。施設のケアを受けている場合は、リスクの問題が特に困難です。というのも、施設の経営者は怠慢を理由に責められたくないので、そうすることが本当は好ましくないとわかっている場合でも過保護にするかもしれないからです。

第12章　権利についてもっと知ろう

アイリスは何回か転倒し、骨折で入院した後に老人ホームに入りました。今では、転倒して腰の骨を折ることがないようにケアワーカーの助けなしに歩き回ることを止められています。そうすると、彼女が歩いたのはケアワーカーの助けを借りてトイレに行ったときだけという日が何日かありました。すぐに彼女の歩く能力は衰え始め、2か月後にはまったく自力で歩けなくなりました。アイリスの状態は以前よりずっと悪くなってしまいました。それはすべて、妥当なリスクを引き受ける彼女の権利が尊重されなかったためなのです。

　この問題へのひとつの解決策は、リスクを引き受けることについて施設長が家族と、そしてできれば施設に入る本人と十分に話し合うことです。合意した内容を契約に盛り込むことができます。はじめに物事を整理しておけば、その後の問題は少なくなるでしょう。そして一般的に、相手に対して過保護になりがちだと気づいたら、こんなふうに自分に尋ねてみるといいでしょう。「これは、この人にとっていちばんいいことなのかしら？それとも自分にとって都合がよくて、心穏やかでいられるだけかしら？」

## 権利のために立ち上がる

　認知症を抱える人の権利がきちんと尊重されていないのを目にしたら、

どうするべきでしょうか？　もし、あなた自身が本当によい介護者なら、あなたが模範となってよりよいやり方を示せば十分でしょう。しかし、ときにはそれ以上のことが求められます。あなたがその人の権利がひどく侵害されていると知っていて、害があることが明らかな場合はすぐに対応することが必要でしょう。これは簡単なことではありませんが、役立つ前向きな方法で対応することができます。あなた自身が責任者に話をし、権利侵害をしている人の行為について直接的にはっきりと問いただしてみたらどうでしょう。その場合、知ったかぶりをしたり個人攻撃をしたりせずに、聞き手に回って相手の意見に耳を傾けてください。場合によっては上司や施設長と話す必要があるかもしれませんが、その場合には責めるのではなく上手に対応しましょう。サービス提供がされるところはどこでも、苦情処理のための既存手順があります。それを使うことはできるでしょうか？

　意図的に残酷な気持ちや悪意があっての権利の乱用は、実際には非常にまれだということを覚えておいてください。むしろ、無知や不安、働きすぎから生じることが多いのです。**責めを負わせることが重要なのではなく、状況を改善し、そのようなことが二度と起きないような方法を見つけることが大切なのです。**

## 権利と人

　権利についての話は、つまるところひとつの単純ですがとても重要なことに行き着きます。**個人の権利を尊重するということは、その人を人とし**

て扱っていることになります。逆にその人の権利を無視したり、そんな権利がないかのようにほのめかしたら、その人を物扱いしているということになります。だからこそ権利について考えることは、パーソンセンタードケアを考えるうえで重要な要素のひとつなのです。

# 第13章
# よいケアをしていくために、介護者は自分のことにも目を向けよう

　ケアは、仕事でするのであれ、または家族だからという理由で自主的にするのであれ、もっとも人間らしい仕事といえるでしょう。本当に真心をこめて取り組めるものです。心と身体、精神というそれぞれのわたしたちのあり方が関わってきます。これに十全に打ち込めば、得るところはとても大きいでしょう。介護をされる人とわたしたちが親しい関係にあれば、ケアは大きな痛みと悲しみを伴うでしょうが、そこにこそ大きな喜びもまたあるのです。

　よい介護者のすばらしい技能には、それに見合った認識がなされていません。ケアの仕事には、やさしさと洞察、そしてとても限られた職業にのみ見受けられる現実的なノウハウとの特別な組み合わせが求められるのです。たとえば、会計士や技術者、または医師の仕事になぞらえることができるでしょう。ですから、あなたがもしケアが上手で満足感を覚えることができるならば、あなたはとても特別な人だといえます。わたしたちの世界はときにひどく暴力的で残酷で欲深く愚かなので、あなたのような人を

本当に必要としているのです。あなたは本物の、全人的な人です。そんな人はなかなかいないと思うことがよくあります。あなたは人から人間性を引き出し、他の人と通わせようとしているのです。これこそが、わたしたちが現在与えることのできるもっとも貴重な癒しなのです。

この章の大半は主に家族介護者のために書かれたものですが、もしあなたがプロのケアワーカーであっても、仕事を通して知り合う介護相手のご家族について新しく学ぶことはためになるでしょうし、自分自身についても新しい発見があるかもしれません。この章の終わりに、特に専門家に該当する点を扱った節があります。

## 介護者としてのわたしたちの必要性

よいケアをし、どんなときにもよいケアを続けていくためには、わたしたちの必要性が満たされることが重要です。では、一体どんな必要性でしょうか？

まず、変化、息抜き、リフレッシュの必要性があります。何かまったく違うことをする時間をもつことです。自分自身に尋ねてみてください。「わたしが本当に楽しめて、とにかくわたしのためになるか、幸せになるようなことが何かあるかしら？」。もし答えが「はい」ならば、その活動を続けて、あなたの人生の大切な一部となるように育ててあげてください。もし答えが「いいえ」ならば、それは何かがひどく欠けてしまっているということです。**あなた自身を、そしてあなたにも必要性があるのだということを認**

めてあげてください。**あなたは聖人でも殉職者でもなく、ただの人間なのですから。**家族介護者は、必要な息抜きの時間をとることが難しいかもしれません。社会福祉サービスや保健サービス、そしておそらく他の団体を通しても、助けを得ることができます。あなたのためにどんな手配をしてもらえるのか、あたってみてください。これは市民としてのあなたの権利です。

　もうひとつの必要性は、まわりからのサポートです。あなたがチームの一員のときですら、ケアは孤独な仕事になりかねません。ときには苦しさに耐えられなくなります。迷いや悲しみ、絶望すら感じるかもしれません。不安も生じるかもしれません。「いつかこんなふうになったらどうしよう？わたしだったらどうなるのかしら？」。ですから、**よいケアを続けていくには、あなたが本当に心を開くことができ、あなたの話に耳を傾け、世**

　　ドナルドは、妻が知力を失い始めたとき、家族からの助けをほとんど得られずに自分が介護をしなければいけなくなるだろうとわかっていました。彼にとって介護は難しく、疲れて不機嫌になることがよくありました。彼はずっとスポーツマンで、ボウリングをするのとサッカーを見るのが好きでした。毎週、彼は何とかしてボウリングに行くか、または天気の悪い日にはボウリング仲間に会うようにしました。また、近所の人に頼んで、土曜の午後にサッカーの試合を観にいく間、妻と一緒に座っていてもらえるようにしました。こうすることで彼はスポーツへの興味をもち続け、介護を続けることができました。

**話をしてくれる人が少なくともひとりは必要です。**もしかしたら、喜んでそうしてくれる人はあなたが思うよりもまわりに多くいるかもしれません。

　モーリーンは認知症の夫の介護をずっと続けていましたが、まわりの人とはほとんど連絡をとることがありませんでした。彼がデイサービスでいないときは、家の掃除や洗濯をして買い物に行きました。自分の抱えている問題を話せる相手がいないと感じていた彼女は、しばらくしてひどいうつ状態になってしまいました……。

　アイリーンは認知症の夫の介護をずっと続けていました。アルツハイマー病協会の会合に参加してエリザベスという未亡人と出会い、まもなく親友になりました。アイリーンは、毎週1回は夜通しエリザベスと過ごすようにして、互いに心から問題を分かち合いました。ときには一緒に泣き、ときには笑いました。アイリーンはよく悲しくなったり、悩んだり疲れきっていたりしましたが、けっしてうつ状態にはなることはありませんでした。彼女は、夫が亡くなるまでなんとか介護を続けることができました。

## 変化を受け入れる

　誰かと親しい関係にあると、その人がそのままでいられることに強い関心を寄せるようになります。たとえ前向きな変化であっても、それによって慣れ親しんだパターンが乱されるので反対するかもしれません。自分の

よく知っている人が知力を失うときに伴う変化は、家族にとってはとても受け入れがたいものです。しかし、変化に逆らい、そんな変化は起きていないようなふりをすれば、さらに混乱を招いて現実を把握できなくなってしまいます。ですから、変化と折り合いをつけながらも、介護される人があらゆる意味でその人らしくいられるように、手助けできることはもちろんすべてしてあげてください。変化を受け入れれば、もっとリラックスできるでしょう。あなた自身も変化し、おそらくは新しい力と洞察を身につけていくのです。

## 厄介な感情

　ひどく混乱した人といると、さまざまな感情がかきたてられますが、そのなかにはあなた自身が驚くようなものもあるでしょう。たとえば、次のようなものです。

- 怒り：介護される人が孤立していたり、気難しかったり、感謝しないとき。
- 不快：介護される人が以前にはしなかったようなことをしたとき。
- 罪悪感：自分がうまくやれなかった、またはまったくやらなかったことがあるとわかっているとき。
- 孤独：自分の気持ちをほかの誰も本当にはわかってくれないと感じるとき。
- 恐怖：どんな困難なことや痛みが待ち構えているかわからないとき。

- ●羨望：自分が知っているまわりの人たちはこんな経験をしないですんでいるとき。
- ●絶望：自分が知っているよいことの多くがもう戻らないとき。

　このような感情はまったく自然で人間らしいものです。こんな気持ちになることがあっても、あなたはちっとも悪くありません。その気持ちをそのままに受け止めてください。ただし、その気持ちにしがみつくのではなく、そのまま過ぎ行くに任せてください。その気持ちを否定したり、締め出そうとすることは、あなた自身にもまわりのためにもよくありません。

## あまり愛情を感じられないとき

　介護する人を本当に愛していなかったり、昔の家族間の対立がよみがえったり、あなたの意志に反して介護をする羽目になったりした場合は、特に難しいものがあります。繰り返しますが、自分に正直になってください。あなたは聖人ではありませんし、多くの家族はそれほど愛情をもっていなかったりするのです。ですから、**あなたの複雑な感情のなかには多くの否定的なものが含まれていることを認めてください。それでも、あなたは優れた介護者になれるのです。**否定的なものを「乗り越え」、これまでになく理想の介護者に近づくことができるかもしれません。また、現実的になってください。愛情や自由な選択で介護を引き受ける人たちに比べ、あなたにはもっと専門的な手助けと息抜きが必要でしょう。

もうひとつ述べておきたいことがあります。家族介護者はひどく腹を立ててしまい、介護される人に対してつらくあたったり、実際に殴ったりすることがあります。親が子どもを「殴る」ときのように、フラストレーションがたまって爆発してしまうのです。こういうことが起きると、あなたはとても罪の意識を感じて自分を恥ずかしく思うでしょうが、**これはあなたが意地悪だとか悪いということではなく、あなたが我慢の限界にきていて今以上の助けが必要だということなのです。あなたが傷つけてしまった相手に対して、できるだけやさしく謝るようにしましょう。自分自身を許して、そして何よりも助けを得る必要があります。**施設への入所がふさわしい時期なのかもしれません。また、**もしあなたが暴力をふるうかもしれないところまできていると感じたら、自制がきかなくなる前に今すぐ助けを求めてください。**自分の感情についてよく知れば知るほど、なにか危険なことをしてしまう可能性は低くなります。介護者支援団体などがありますし、医師や159ページに紹介された団体を通してあなたに最も近いところからの助けを探しましょう。

## ほしいものを手に入れる

　あなたが家族介護者なら、情報と実際的な助けが必要です。あなたが心身共に健康でいられるように、得られる支援をすべて得ることはとても大切です。介護者は「頼みたくない」、または「うるさがられたくない」という理由でひとりで奮闘してしまうことがありますが、頼まなくても支援

を得られるということはなかなかないものです。支援というのは、しつこく頼んではじめて得られることもあるのです。何が起きるかを知っていれば直面したときに対処しやすくなりますので、実際に必要になる前にどんな支援が必要になるかはっきりさせておくととても心強いでしょう。あなたが知る必要があることを医師がすべて話してくれたと思わずに、できるだけ多くを聞き出してください。家族介護者が本当に知る必要があったことを知らないままに愛する家族を何年も介護し、わかった時点では手遅れだったということがあるのです。多くの人は、医師やソーシャルワーカーや弁護士といった経験豊かな専門家の前では萎縮してしまいます。もしあなたもそうなら、自己主張という新しい技を学ぶ必要があります。これは何も難しいことではなく、自分がほしいものがわかっていて、まわりの人を尊重するやり方でそれを手に入れるということです。まずは、手に入るどんな支援にも情報に対しても、自分は権利があるのだと認識することから始めましょう。あなたの必要性と希望は、ほかの人のそれと同様に大切なものなのです。声をあげずに自己を犠牲にして、ほしいものを手に入れられない人たちの仲間入りはしないでください。そんなことをしても、あなたのためにも介護される人のためにもならないのです。自己主張をするというのは、押しが強いのともわがままとも違います。他人を思いやらないのとも不可能なことを求めるのとも違います。自己主張をすることで自分自身のために立ち上がり、あなたを助けてくれるようにほかの人に頼めるように強くなるのです。あなたにもまわりにも公平なやり方で、自分自身の必要性を満たすことができるのです。

ジョシーは独身で、ずっと母親の近くに住んでいました。姉は結婚していて、200マイル離れたところに住んでいました。母親の知力が衰え始めたとき、ジョシーが介護をするということが姉妹の間でなんとなく決まりました。母親は自分にほとんど関心を示してこなかったのにどうして自分がすべてやらなければいけないのかと、ジョシーはときどき、傷ついた幼い子どものように怒りを感じました。また、自分が求められても愛されてもいないと強く感じることもありました。ジョシーはカウンセリングに通い、自分自身がどんなに困っているかを少しずつ認識するようになりました。彼女は新しくふたりの友だちをつくり、本当に正直に接しました。ふたりとも彼女を支えてくれました。彼女は自分の感情とうまくつきあうことを学び、母親へのケアも改善されました。そして姉に対しても、介護を分担するようにと主張しました…。

　ダフニはパートの仕事を辞めて夫の介護をしていましたが、やりくりをするのは大変でした。介護手当てが無効なことを近所の人から偶然に知り、怒りを覚えると共に騙されたと感じました。訪問看護師が手当ての話はすべてしたはずだと彼女は誤って思い込んでいたのです。夫は施設に入っていて、今となっては何とかするには手遅れです。

　オードリーは、夫のグレッグの介護を7か月続けてとても疲れていました。近所の人がホームヘルパーを頼めるはずだと教えてくれたのですが、彼女は当初何もしませんでした。頼むのが怖かったのです。しかしある日、勇気を奮い起こして社会福祉サービスに電話をし、自分の抱えている問題を説明して、ホームヘルパーを探してもらいました。オードリーは必要な支援だけでなく、とても理解のある新しい友だちも得ることができました。

専門家などと対するときにもっと自己主張ができるように、役立つヒントが以下にあります。

● 医師、ソーシャルワーカー、訪問看護師、親戚など、助けてくれるすべての人の電話番号リストを電話の近くに置いておき、必要になったら電話をかけましょう。相手の時間と努力と同様に、あなたの時間と努力も貴重なのだということを覚えておいてください。

● 専門家に電話で、または直接連絡をとる前に、すべての質問事項と伝えたい重要な情報を書き出しましょう。参照できるように手元に置いておきましょう。

● 聞いたことを簡単にメモするために、面会の際はノートをもっていきましょう。そうすれば、ほしい情報を手に入れているのだと確認できるでしょう。帰宅してから面会での記憶がまだ新鮮なうちに、もっと詳細に書き出すとよいでしょう。

● 言われたことがわからなかったら、もっと簡単な言葉で同じことを説明してくれるように頼みましょう。それでもわからなければ、書いてくれるように頼みましょう。そうすれば、相手は物事をはっきりさせざるを得なくなります。

●質問に対して満足のいく答えが得られなければ、誰がきちんと答えてくれるのか尋ねましょう。

●あなたには、あなたとあなたの愛する人に提供されるサービスを批判する権利があります。そうするときは、公平に、的を射て、建設的にするようにしましょう。たとえあなたがメリットを得るのに間に合うように問題が解決できなくても、これから同じような問題を抱えた人を助けることになるかもしれません。

> ケアワーカーの方へ

　プロとしてケアの仕事をしていると、あなたの思いに反することがたくさんあるでしょう。古くさくきびしい態度や負担の大きすぎる職務、長時間勤務、安いお給料、そして昇進の見込みも薄いかもしれません。介護者のなかには、その人に合ったケアをあえてしないことでこのような困難に対処する人もいます。この人たちは、自分の仕事を単に低級な子守の一種として扱い、介護される人が皆清潔で静かにしていて、ときどき食べ物と飲み物を与えられるのを確認するだけです。このようにケアの仕事をすることは、一種の自己防衛となります。つまり、そうすることで仕事がこなせるように思えるのです。しかし、往々にして実際には、結局は退屈で気が滅入り、疲れ、人間らしい報いがないのです。困難に対処するもうひと

つのやり方は、ケアの本質に気づき、責任をもって関わることです。なんとかこのやり方をとることは、忍耐が必要ですが、活気が出てとても興味深いことです。わたしたちが生きいきとしていられるのは、たとえ苦しいときでも、人と人との本当のふれあいがもてるときなのです。

　ケアの仕事をして直面する大きな問題は、あなたの仕事を理解してくれる人が少ないということです。何も生み出していないのだからほとんど価値がないとする無知な見方があります。一般の人たちはケアの仕事を正しく理解しないかもしれませんし、たいていは混乱した人、それもお年寄りには特に偏見をもっています。そのような態度のために、あなたの仕事には価値があるのだということに、またはあなた自身に価値があるということにすら自信がもてなくなることもあるかもしれません。しかも、この種の仕事の対価としてのお給料は一般にかなり低いのです。

　もしあなたの地域にケアワーカーの団体があれば、参加してみてはどうでしょう？　なければ、あなたがほかのケアワーカーと一緒に作ってはどうでしょう？　もしあなたが現在の職場で長く働くつもりならば、昇進の見込みについて知る権利を主張し、できればそれを書面にしてもらいましょう。さらに研修を受けられる機会を雇用主と一緒に検討しましょう。自分の仕事について知るために参考文献を読みたければ、優れた情報源がありますし、本書の巻末にもリストがあります。

上司よりもあなたのほうが、本当の人間らしいケアについて理解していると気づくことがあるかもしれません。介護される人に対して単に住む場所と食べ物と実際的な手助けを与えるだけで、上司は満足しているかもしれません。一方、あなたはといえば、**ケアは人が生きるに値する人生を生きるための手助け**だと知っています。相手が上司だからというだけで、あきらめてしまわないでください。スタッフが自分の上司に対して、やり方を変えていくように一つひとつ教えていかなければならない分野がありますが、認知症を抱える人のケアもそのひとつかもしれません。上司や施設長に接触して、彼らがあなたの意見に耳を傾け、あなたの意見を受け入れてくれるような方法を模索してください。彼らのなかには、以前に直接ケアをした経験があまりなかったり、ケアに対する古い考えをもった学校に通っていた人もいるでしょうから、辛抱強く、そしてしつこく対応してください。もし、職場環境を改善するために最善を尽くしても、雇用主があなたとあなたの成長に本当に責任をもってくれないような将来性のない職場だとわかったならば、そこにとどまるべきなのかどうかを慎重に考えてください。長い目で見れば、あなたの技能と専門知識がもっと正当に評価される職場を探し始めるほうが、あなたのためによいかもしれません。ケアのプロの待遇改善のために、引き続き圧力をかけていく必要があります。本当は最高に価値ある仕事なのだと認識されるようになるまでには長い時間がかかるでしょうが、事態は現在進行形で変化しているのです。

フィオナはほかの仕事が見つからなかったので、ケアの仕事を始めました。彼女にとって仕事は単にお金を稼ぐ手段に過ぎなかったのですが、まもなくして自分が認知症を抱える人たちと働くのが好きなのだと気づきました。そこで彼らの抱える問題について本を読み、お年寄りのケアに関する夜間コースを受講しました。その結果、彼女は認知症を抱える人たちのケアを仕事にしていく決意をしました。結局、彼女は老人ホームの施設長になりました。

# 第14章
# さいごのお別れをしたあとは……

　この章も最終章と同様に、主に家族介護者のために書かれたものですが、あなたがもしケアワーカーでも、どうぞそのまま読み進めてください。あなたの出会うご家族の方々がどんな経験をしているのか理解する手助けになるかもしれません。また、あなた自身も、介護される人が亡くなったときにお別れの感情を味わうかもしれません。その人に特別に愛情をもっていたり、その人の死によって過去のお別れの記憶が呼び起こされるかもしれません。

　家族の一員として、あなたは2回、もしくは3回のお別れを経験しなければいけないでしょうが、その喪失の過程は長期間続くでしょう。

　まず、知力が衰えつつある人とあなたの間に絆が結ばれているという事実があります。その人は現在では、あなたが望み、期待したような姿ではありません。何年もの間にすべての関係は変わり、お互いに適応することが必要となります。そして今では適応しなければいけないのはもっぱらあなたのほうで、この先どんな終わりが待っているのかもわかりません。い

くつかの希望はすでに失われ、あなたはなくしたもののために苦しんでいます。その意味ではこれもひとつのお別れといえるでしょうし、あなたはすでに嘆いているかもしれません。あなたが介護する人のために。二度と戻らない落ち着いた暮らしのために。そしてあなた自身のために。

　あなたの家族が施設に入らなければならないとしたら、ここでもまたお別れがあります。その決断がお互いにとって正しいと明らかなときでも、この時点で何かとても大切なものが終わってしまうのです。それまで自宅介護がどんなに大変だったとしても、実際にお別れとなると人生が空っぽでひとりぼっちに感じることでしょう。施設であれどこであれ、訪ねていくということは痛みを伴うことです。なぜなら、あなたが介護していた人はあなたのいない新しい生活をしていて、会えばまた帰り際にお別れをしなければならないからです。いつかあなたのこともわからなくなって、これ以上訪ねていくことに意味があるのかと思ってしまうときもくるかもしれません。

　3度目のお別れは、あなたが介護していた人が実際に亡くなるときです。たとえその人のことをほとんどあきらめてしまっていたとしても、そしてたとえ介護者としてのあなたの仕事が以前に終わっていたとしても、相手が生きている限りは絆があるのです。見た目にはどんなに無理に思えても、どこかに小さな希望があるのです。けれども亡くなるということは、この世の中に本当に終わりを告げたということです。最後のお別れとお見送りをしなければいけません。

　これらのお別れに際して、あなたの胸にはこんな疑問が浮かぶかもしれません。「どうしてわたしたちにこんなことが起きるの？　どうして人生

はこんなに不公平なの？　このことに何か意味があるの？　どうしてあんな人生がこんなふうに終わってしまうの？」。これらは当然の疑問ですが、はっきりとした答えは見つけられないかもしれません。あなたはまた、しなかったすべてのことについて自分を責め始めるかもしれません。まるで全世界が壊れてしまったかのように、しばらくは悲しみと胸の痛みに溺れてしまうかもしれません。

　ここでひとつの単純な指針が役立つでしょう。それは、「**自分の感情をそのままに感じなさい**」というものです。自分にやさしくして、嘆くことを許してあげてください。あなた自身に、そして信頼している友だちにも、「これが本当に自分が感じていることなんだ」と認めてください。「こんなふうに感じるべきじゃない」などと言っても効果はありません。わたしたちの感情は、真実をとても率直に直接的に訴えていて、真の理解へとわたしたちを導いてくれるのです。

　お別れをめぐる感情はとても馴れることのできない強力なもので、誰もがなんとかしてこれを避けようとします。何事も普段と変わりないかのように平静を装おうとする人もいます。極端に忙しくしたり、いい口実を見つけたりして自分の感情をごまかそうとする人もいます。実際に遠くに行ってしまうことで自分の感情から逃れようとする人もいます。けれども、悲しみから逃れようとしてやったのなら、どれも実際にはうまくいかないものです。それどころか、そのようにして感情を避けてしまうと、長期的にはふさぎこむことになってしまいます。お別れの痛みを伴う感情は、本当は避けて通ることはできないのです。「自分の感情をそのままに感じる」

人は、痛みも薄れ、慰めと活力を得て、次第に自分の生活を立て直すことができるでしょう。ただ、それには時間がかかるのです。

　悲しみにくれるときは誰しも、人の支えが必要です。家族や友だち、隣人、または信仰を同じくする人が手を差し伸べてくれるかもしれません。もし、あなたがこれまでずっとひとりでやってきたのなら、必要な支援を得られるように措置を講じる必要があるでしょう。支援団体が多くの場所にあります。「自分は大丈夫だからひとりでやっていける」、「自分は皆が感情をさらけ出すような団体に参加する種類の人間じゃない」と思っていた人の多くが、こんなにも助けてもらえるのかと驚いたものです。

　知力が衰えている人を亡くすことは、亡くなるまで「その人のまま」であり続けた人を亡くす場合に比べて、多くの意味でずっと対応が困難です。感情ははるかに複雑で、それを整理することもより困難です。カウンセラーが必要かもしれませんし、そうしたからといってあなたが異常だということにはなりません。これは単に、その必要性を認識できるくらい十分な分別があるということなのです。

　あなたのお別れがどんなものであれ、自分に時間とゆとりを与えてあげてください。悲しみはゆっくりとした経過をたどるので、時間が必要なのです。あなたの内面の変化が落ち着けるように、ゆとりが必要なのです。親しかった人が永遠にいなくなってしまったことを心の奥底で、そして頭の芯で受け止めることは難しいものです。もし、まわりに多くのことを要求されたら、もっと考える時間を与えてくれるように頼む必要があるでしょう。**悲しみは川のようなものです。独自のコースをとり、自分のペース**

で進むものです。この単純な教訓を心に留めておきましょう。「川の流れに逆らってはいけません」

　コニーは再婚相手のティムのことを深く愛していました。ふたりは幸せに暮らしており、引退後の生活を充実させることを楽しみにしていましたが、ティムの記憶が衰えだしてからすべては変わってしまいました。彼は町に出かけても迷うようになりました。コニーは彼のことを深く愛していたので、とても辛抱強く、やさしく彼の介護をしました。何度もひとりで泣きました。神様をもう信じられないと思うこともありました。ティムは生きているとはいえ、少しずつ彼女から遠いところに連れて行かれるかのようでした。けれども彼の死後、コニーは長いお休みをとり、家族にもっと甘えるようにしました。しばらくの間、彼女はひどく悲しみ、悩んでいましたが、何とか自分の生活を立て直し、ティムと一緒に楽しんだすべての思い出に感謝をしています。

　フィービーと父親の仲はずっとうまくいっていませんでしたが、父親が混乱して病気になったとき、しばらく介護をすることに彼女は同意しました。以前、父親はよく痛みを訴えていましたが、フィービーが介護をするようになってからまたそれが始まりました。また例のぼやきが始まったと思いながらも医師に診せに行きましたが、なんともないと言われました。それでも父親の訴えは続いていましたが、彼女は無視していました。父親はまもなく亡くなり、胃がんであったことがわかりました。フィービーは自分のことが許せませんでした。自分はペテン師だと、彼女は罪悪感にさいなまれました。カウンセラーにかかるようになって、自分は価値のある人間で、これまでにたくさんいいことをしたと次第に認め、自分の失敗と思ったことも受け入れられるようになりました。

この章をここまで読み進めてきたのなら、悲しんでいるご家族を手助けする方法を考えていることでしょう。あなたの地域の支援団体があれば紹介することができるかもしれません。あなた自身が耳を傾けてあげることができるかもしれません。もしあなたが亡くなられた方の介護をしていたのなら、分かちあえることがきっと多くあるでしょうから、ご家族の方にとってとりわけ慰めとなるでしょう。

　介護されていた方が亡くなった途端に、ケアワーカーと家族の関係が終わってしまうことがあります。どうぞそんなことがないようにしてください。

　お別れを経験した方にとって、ケアワーカーは最も手助けができる立場にあることが多いのです。悲しみに対応するカウンセリングについて、基本的な指導を研修に盛り込むべき時期なのかもしれません。

ラーキンさんは、妻と一緒にデイサービスに定期的に通っていました。そこだと妻が安心できるだけでなく、彼自身も手伝いができることを楽しんでいたのです。彼はスタッフと仲がよく、スタッフも彼が手伝ってくれてたいへん助かると言っていました。妻が亡くなったとき、スタッフからお悔やみの手紙が届きましたが、その後連絡はありませんでした。彼は声をかけられればデイサービスでのボランティアを続けたかったのでしょうが、招かれることはありませんでした。

第14章　さいごのお別れをしたあとは……

# 第15章
# これからの介護者のために……
# よいケアって何だろう？

　本書では、多くのすばらしい介護者が深く感じていながらも、はっきりとつぶさに書かれることのなかった事柄について説明してきました。**本書で伝えたかったことは、「よいケアとは、理解し、継続的なふれあいを築こうとする試みだ」**ということです。それには、混乱した人の一人ひとりが人として生きられるように、足りないものを埋めることを伴います。これは単純に聞こえるかもしれませんが、実際にはどんなことを意味するのか、章ごとに異なるケアの側面を見ることで多くを学んできました。介護者として、あなたはすばらしい技能を使い、発展させているのです。あなたは一種のカウンセラーであり、通訳であり、作業療法士であり、秘書であり、代弁者であり、看護師でもあるのです。これらのすべてを兼ね備えたうえに、さらにずっと多くのことをしているのですから、自分のしていることを大いに認めてあげてください。

　しかし、ここでもうひとつ強調しておきたいことがあります。**よいケアとは、他の人のために何かをするというだけにとどまらず、自分自身につ**

いての認識を深めることでもあるのです。

- 無力なときに人はどう感じるかを理解するには、自分が無力になったらどうなるのかを知らなければなりません。
- 彼らの不安、特に見捨てられる不安を理解するには、自分の心の奥底の不安を受け入れなければなりません。
- 彼らが世話をされる必要があることを理解するには、わたしたちもまたどれだけの世話を必要としているかを理解しなければなりません。
- 彼らの絶望感を理解するには、自分自身の絶望と向き合わなければなりません。

だからこそ、ケアはこんなにも奥が深いのです。ほかの人が求めているものを感じとるとき、わたしたち自身のなかにも同じように求めているものがあることを見出します。自分自身の声に耳を傾けられないときは、他の人の求めるものにも心を閉ざしてしまうでしょう。**介護される人と自分自身の両方に慎重に注意を向けることを学んで、わたしたちはより十全な人となれるのです。**ケアはとても負担が大きく、悲しみのつきまとうものですが、それでもとても**前向きに関わることができるのです**。多くの家族介護者は、介護が終わり悲しみが薄れ始めると、自分が以前よりも頼もしく、思いやりのある強い人間になっていることに気づきます。成長し、豊かな人間になっていたのです。仕事で、ボランティアでケアをしている人にとっても、これはまた別の意味であてはまることです。

メトカーフさん（82歳）がひどく混乱し始めたとき、夫（85歳）は引き続き彼女の介護をすることにしました。訪問看護師が社会福祉サービスに連絡を取り、ホームヘルパーのパメラが毎日訪問するよう手配しました。パメラはまもなく、夫妻の親しい友だちになりました。2年間は順調でしたが、メトカーフさんは心臓発作で急逝し、夫は悲しみに打ちのめされました。子どもたちは皆離れて暮らしており、彼は完全に途方に暮れてひとりぼっちだと感じました。パメラはプロとして訪問を続け、彼に必要な現実的な手助けをしました。そしてまた、彼の話に耳を傾け、夫人の思い出を分かち合いました。後に、彼がもっと落ち着いてから語ったことですが、パメラが訪問してくれたおかげで彼は自らの命を絶たずにすんだということです。

## ■資料

## 認知症をもっと深く理解するための参考書籍

＊パーソンセンタードケアは、認知症がある人を理解することから始まります。
本人の声に耳を傾けてみましょう。本人が書いた本が多く刊行されています。

- 佐藤雅彦『認知症になった私が伝えたいこと』(大月書店　2014年)
- 佐藤雅彦『認知症の私からあなたへ 20 のメッセージ』(大月書店　2016年)
- 藤田和子『認知症になってもだいじょうぶ！そんな社会を創っていこうよ』(徳間書店　2017年)
- 丹野智文（著）奥野修司（文・構成）『笑顔で生きる 認知症とともに』(文藝春秋社　2017年)
- 大城勝史『認知症の私は「記憶より記録」』(沖縄タイムス社　2017年)
- 中村成信『ぼくが前を向いて歩く理由』(中央法規出版　2011年)
- 樋口直美『私の脳で起こったこと　レビー小体型認知症からの復活』(ブックマン社　2015年)
- 認知症の私たち（著）、NHK 取材班（協力）『認知症になっても人生は終わらない ～認知症の私が、認知症のあなたに贈ることば～』(harunosora　2017年)
- ケイト・スワファー（著）、寺田真理子（訳）『認知症を乗り越えて生きる～"断絶処方"と闘い、日常生活を取り戻そう～』(クリエイツかもがわ　2017年)
- クリスティーン・ブライデン（著）、馬籠久美子（訳）『認知症とともに生きる私～「絶望」を「希望」に変えた 20 年～』(大月書店　2017年)
- クリスティーンボーデン（著）、檜垣陽子（訳）『私は誰になっていくの？ ～アルツハイマー病者からみた世界～』(クリエイツかもがわ　2003年)
- クリスティーン・ブライデン（著）、馬籠久美子（訳）『私は私になっていく～認知症とダンスを～』(クリエイツかもがわ　2012年)
- クリスティーン・ブライデン（著）、水野裕（監修）、中川経子（訳）『私の記憶が確かなうちに』(クリエイツかもがわ　2017年)
- 永田久美子（監修）『認知症の人たちの小さくて大きな ひと言～私の声が見えますか？～』(harunosora　2015年)
- 長谷川和夫・南高まり『父と娘の認知症日記 - 認知症専門医の父・長谷川和夫が教えてくれたこと』(中央法規　2021年)

認知症がある人の本を集めたブックフェアが全国各地で開催されています。詳しくは一般社団法人日本認知症本人ワーキンググループのサイト（http://www.jdwg.org/）をご覧ください。

## パーソンセンタードケアの関連書籍

- トム・キットウッド著・高橋誠一訳『認知症のパーソンセンタードケア―新しいケアの文化へ』（クリエイツかもがわ　2016年）
- スー・ベンソン著・稲谷ふみ枝訳『パーソン・センタード・ケア―認知症・個別ケアの創造的アプローチ』（クリエイツかもがわ　2007年）
- ジュリアン・C・ヒューズ　クライブ・ボールドウィン著　寺田真理子訳『パーソンセンタードケアで考える認知症ケアの倫理』（クリエイツかもがわ　2017年）
- 寺田真理子著『パーソンセンタードケア講座』（CLC　2010年）
- マルコム・ゴールドスミス著　寺田真理子訳『私の声が聞こえますか―認知症がある人とのコミュニケーションの可能性を探る』（雲母書房　2008年）
- くさか里樹作『ヘルプマン!!』（朝日新聞出版）
- 小澤勲著『痴呆を生きるということ』（岩波新書　2003年）
- 小澤勲著『認知症とは何か』（岩波新書　2003年）
- スー・ベンソン編　寺田真理子訳『介護職のための実践！パーソンセンタードケア―認知症ケアの参考書』（筒井書房　2007年）

＊本書の読書会のレポートをご覧いただけます。
　サブテキスト代わりに、さらに深く読み込むためにご利用ください。

## 認知症の介護についての情報を得られるサイト

●認知症 ONLINE
　https://ninchisho-online.com

●認知症ねっと
　https://info.ninchisho.net/

●彩星の会（若年認知症家族会）
　http://hoshinokai.org/

●公益社団法人　認知症の人と家族の会
　http://www.alzheimer.or.jp/

●一般社団法人日本認知症本人ワーキンググループ
　http://www.jdwg.org

## 訳者あとがき

　本書は、2005年に筒井書房より刊行された『認知症の介護のために知っておきたい大切なこと〜パーソンセンタードケア入門』を復刊したものです。
　初版の刊行以来、10年以上版を重ねるロングセラーでしたが、版元の倒産のために一時絶版となっておりました。こうして復刊できますことを訳者として心よりうれしく思っております。

　翻訳を手がけるきっかけとなったのは、クリスティーン・ブライデンさんとの出逢いでした。認知症当事者として「認知症になるとはどういうことか」を自ら語り、世界各国で20年にわたって啓発活動を続けている女性です。クリスティーンさんに触発され、日本でも自分が認知症であることを講演や著書を通じて伝える方が増えてきました。当事者発信の時代の先駆者といえるでしょう。
　私はうつ病を患っていた頃にクリスティーンさんの存在を知り、認知症の症状とうつ病の症状が類似していることから、認知症に興味をもちました。その後クリスティーンさんにお会いする機会があり、もっと認知症について学んでいきたいと思っていたところ、本書の翻訳のお話をいただいたのです。

　本書は1990年代のはじめにイギリスでパーソンセンタードケア（その人を中心としたケア）を提唱してケアに変革をもたらしたトム・キットウッドと、キャスリーン・ブレディンによって書かれました。原題は"Person to Person"で、「介護者と認知症の人」ではなく、ひとりの人としてお互いに関わり合うことを基本としています。「認知症」というと、それまでそこに存在していたはずのその人が見えなくなってしまうのは、どうしてなのでしょう？　10人いたら、認知症になっても10通りの人生があるはずです。それなのに、どうして認知症ということですべての人をひとくくりにしようとしてしまうのでしょう？　一人ひとりがかけがえのない存在として尊重されることを訴える著者の姿勢に、訳者として、そして個人として、深く共感しています。

初版刊行後間もない頃、認知症で親御さんを亡くされた読者の方から、こんなお便りをいただきました。「本書の内容を知っていたら、当時あんな態度はとらなかった。自分の対応のせいで症状を悪化させてしまった。申し訳ないことをしたと、いまでも仏壇の前で手を合わせています」。拝読し、いたたまれない思いがしました。どう対応すればいいか知っていても、力が及ばずにできないこともあります。知っているからこそ自分ができていないとわかる、そういう後悔もあるでしょう。だけど知らなかったからできなかったという後悔は、もっとつらいのではないでしょうか。

　最近になって、本書を以前に読まれた方から、こんなお声をいただきました。「本書を読んでいてよかった。知っていたから、心構えが違う。読んでいなかったら、きっときつい態度をとってしまっていたと思う」。以前の読者の方からのお便りを思い出すとともに、間に合うように本書をお届けできてよかったとの思いが湧き上がりました。

　いま、認知症は日本で新しい時代を迎えています。当事者発信が注目され、当事者の声に耳を傾けることから始めようという姿勢が少しずつ浸透していっています。そんな時代の節目に再び本書を世に送り出せることをありがたく感じるとともに、本書がその役割を存分に果たしてくれることを願っております。

　介護に携わるすべての方が、最初に手に取ってくれる本でありますように。

　最後に、復刊にあたりお世話になった皆様、初版刊行以来の読者の皆さま、本書に関わってくださったすべての方々にこの場を借りて御礼申し上げます。本当にありがとうございます。

寺田　真理子

## ◆著 者

### トム・キットウッド Tom Kitwood

1937年イギリス生まれ。1960年ケンブリッジ大学で自然科学の学位を取得後、神学を学び1962年聖職位を授かる。その後、ウガンダに渡り教鞭をとり、学校牧師に任命される。帰国後、ブラッドフォード大学で修士号を取得、博士論文を書き上げた後、同大学常勤講師となり、1992年同学部の上級講師に任命される。1998年61歳でこの世を去る。

### キャスリーン・ブレディン Kathleen Bredin

ブラッドフォード・ディメンシア・グループ（ブラッドフォード大学）研究員として認知症の人の権利とケアの質に関する研究を行う。現在、アメリカに在住。

◆監修者
## 高橋　誠一
東北福祉大学総合マネジメント学部教授
北海道大学大学院経済学研究科博士過程中退、全国コミュニティライフサポートセンター（CLC）理事、NPO法人のぞみ会理事、パーソンセンタードケア研究会世話人
主な著書・訳書
『生活支援コーディネーターと協議体』（共著・CLC）、『生活支援コーディネーター養成テキスト』（共著・CLC）、『認知症のパーソンセンタードケア　新しいケアの文化へ』（訳・クリエイツかもがわ）、『バリデーション・ブレイクスルー ― 認知症ケアの画期的メソッド ―』（監訳・CLC）

◆訳　者
## 寺田　真理子
日本読書療法学会会長
（日本読書療法学会：http://www.bibliotherapy.jp/）
パーソンセンタードケア研究会講師
（パーソンセンタードケア研究会：https://www.clc-japan.com/pcc/）
日本メンタルヘルス協会公認心理カウンセラー
長崎県出身。幼少時より南米諸国に滞在。東京大学法学部卒業。著書や訳書、全国各地での講演活動を通じて認知症のパーソンセンタードケアの普及に力を入れており、介護施設や病院の研修、介護・福祉関連団体主催セミナーでの講演で多数の実績がある。
主な著書・訳書
『パーソンセンタードケア講座』（著・CLC）、『介護職のための実践！パーソンセンタードケア〜認知症ケアの参考書』（訳・筒井書房）『私の声が聞こえますか〜認知症がある人とのコミュニケーションの可能性を探る』（訳・雲母書房）『パーソンセンタードケアで考える認知症ケアの倫理』『認知症を乗り越えて生きる』（以上、訳・クリエイツかもがわ）など多数。

## 認知症の介護のために知っておきたい大切なこと
パーソンセンタードケア入門

| | |
|---|---|
| 発行日 | 2018年4月10日　初版第1刷 |
| | 2021年7月 1日　初版第2刷 |
| | 2024年2月29日　初版第3刷 |
| 著　者 | トム・キットウッド　キャスリーン・ブレディン |
| 監訳者 | 高橋誠一 |
| 訳　者 | 寺田真理子 |
| 発行所 | ブリコラージュ |
| | 〒171-0021　東京都豊島区西池袋5-26-15 久保田ビル2F |
| | 七七舎内 |
| | 電話 03-5986-1777　FAX 03-5986-1776 |

印刷・製本　株式会社 美巧社　　ISBN 978-4-907946-14-2　C3036

【本書の無断複写は著作権法上の例外を除き、禁じられています。】
＊落丁本・乱丁本はお取り替えいたします。

# 老人ケアの情報交流誌『ブリコラージュ』

介護がもっともっと楽しくなります

『関係障害論』『認知症論』『完全図解 新しい介護』などの著書を通して、介護に風穴を開ける**三好春樹が編集発行人**を務める1989年創刊のもっとも信頼される介護雑誌です。

- 発行回数：年６回発行（奇数月）
- 定期購読料：4,000円（税込み／送料弊社負担）
- 体裁：B5判・中綴じ・48頁

※ブリコラージュは書店で販売していません。
　直接お届けする便利な直接購読方式です。

★元気が出る連載が好評！
- 最も新しい三好春樹の発言「新・地下水脈」
- 文化人類学から介護を覗く「肩越しから見る世界」
- 生活リハビリの視点から暮らしとケアを再建！
「今日から使えるリハビリ介護」
- 動物とお年寄りのゆる〜い日々「だんだん物語」などなど

・マヒがあるから普通のお風呂には入れない!?
・認知症になったらおしまい!?
・介護は誰もやりたくない3K職業!?

## そんなことはありません！

介護には「その人が望む普通の生活」を実現するだけでなく、
関わる私たちを元気にする**力**があります。
そんな介護の力を再発見し、共有できるのがブリコラージュです。

お申込みは、ブリコラージュへ
FAX 03-5986-1776　　TEL 03-5986-1777
E-mail brico@nanasha.co.jp　　URL www.nanasha.net

# ブリコラージュ発行の本

### 新版 安全な介護
### ポジティブ・リスクマネジメント

著：山田滋・下山名月／価格：1,650円（10％税込）

リスクマネジメントのプロと介護のプロがともに考える「安全な介護とは？」。人間の生理学に沿って行う正しい介護が実は自己をなくす最も近道。同じテーマの研修会も全国各地で大好評。発売以来大好評で、今回改訂版が発売されました。

### 超高齢社会の介護はおもしろい！

著：羽田冨美江
価格：1,980円（10％税込）

### セーフティネット4
### 共生社会の実現をめざして

著：豊中市社会福祉協議会／マンガ：ポリン・くろねこ
価格：1,100円（10％税込）

## ご注文は TEL:03-5986-1777 ／ FAX:03-5986-1776

# ブリコラージュ発行の本

**ブリコブックレット1**
**生き方としての宅老所**
起業する若者たち

著：高橋知宏・藤渕安生・菅原
英樹・伊藤英樹
監修：三好春樹
価格：1,320円（10％税込）

**ブリコブックレット2**
**あきらめる勇気**
老いと死に寄り沿う介護

著：村瀬孝生
価格：1,320円（10％税込）

**ブリコブックレット3**
**生き方としての**
**老人介護Ⅰ**

著：中田妃登美・風間美智子・
中川春彦・細川鉄平
監修：三好春樹
価格：1,320円（10％税込）

**生活の場の**
**ターミナルケア**

著：三好春樹・鳥海房枝・大瀧
厚子・高口光子 他
価格：1,540円（10％税込）

**生活リハビリ式**
**記録のススメ**

著：梅沢佳裕 東田勉
価格：1,320円（10％税込）

介護が楽しく楽になる
**生活リハビリ術**

著：松本健史
価格：1,760円（10％税込）

## ご注文は TEL:03-5986-1777／FAX:03-5986-1776